光文社古典新訳文庫

コモン・センス

トマス・ペイン

角田安正訳

kobunsha classics

光文社

光文社古典新訳文庫

コモン・センス

トマス・ペイン

角田安正訳

kobunsha classics

光文社

Title : COMMON SENSE
1776
Author : Thomas Paine

凡例

（一）本書に収めた四作の原著表題は以下のとおり。

Common Sense, 1776.（『コモン・センス』）

The American Crisis, 1776.（『アメリカの危機』）

A Serious Thought, 1775.（『厳粛な思い』）

A Dialogue between the Ghost of General Montgomery and an American Delegate, 1776.（『対談』）

（二）底本には次の版を用いた。

The Complete Writings of Thomas Paine, collected and edited by Philip S. Foner, 2 vols., Citadel Press, 1969. ただし、『コモン・センス』と『アメリカの危機』については以下の版も参照した。*Political Writings*, edited by Bruce Kuklick (Revised Student Edition), Cambridge University Press, 2012(2000).

（三）『コモン・センス』の小見出し（四カ所）は、Kuklick版に従って章のタイトルとして扱った。

（四）括弧の使い方

（ ）…（イ）原著の丸括弧は訳文においてもなるべくそのまま生かすようにしたが、訳者の判断で括弧を外した箇所もある。（ロ）逆に、原文に丸括弧が使われていないにもかかわらず訳出の都合上、便宜的に用いた丸括弧がある。たとえば、論旨の枝葉に相当する記述や挿入句的な表現について、そのような扱いをした箇所がある。

［ ］…訳者による註は基本的にブラケットの中に収めた。

「 」…題名などを表すために、また、特定の単語やフレーズを他の言葉から際立たせるために用いた。間接話法に類する表現を直接話法に置き換えた場合も括弧で括った。

『 』…（イ）書物の題名を示すのに用いた。（ロ）引用文の中の鉤括弧は二重鉤括弧にした。

（五）原註は、＊で示して本文に組み込んだ。

（六）傍点は、連続するひらがなの切れ目を明らかにするなどの目的で用いた。すなわち、原文の、イタリック体などによって示された強調を反映しているわけではない。しかしごく一部、強調を表す傍点もある。

（七）原著において強調の目的で用いられているイタリック体は、原則的に訳文には反映させていない。

（八）改行は、必ずしも底本に従っていない。訳者の判断により適宜ふやした。

（九）聖書の書名については『聖書　新共同訳』（日本聖書協会）の訳語を借りたが、体裁は少し変えた。たとえば、「サムエル記・上」のように。

（一〇）聖書からの引用文については『聖書　新共同訳』のほかに『舊新約聖書』（日本聖書協会）を参照したが、それらの訳文には従っていないことが多い。

目次

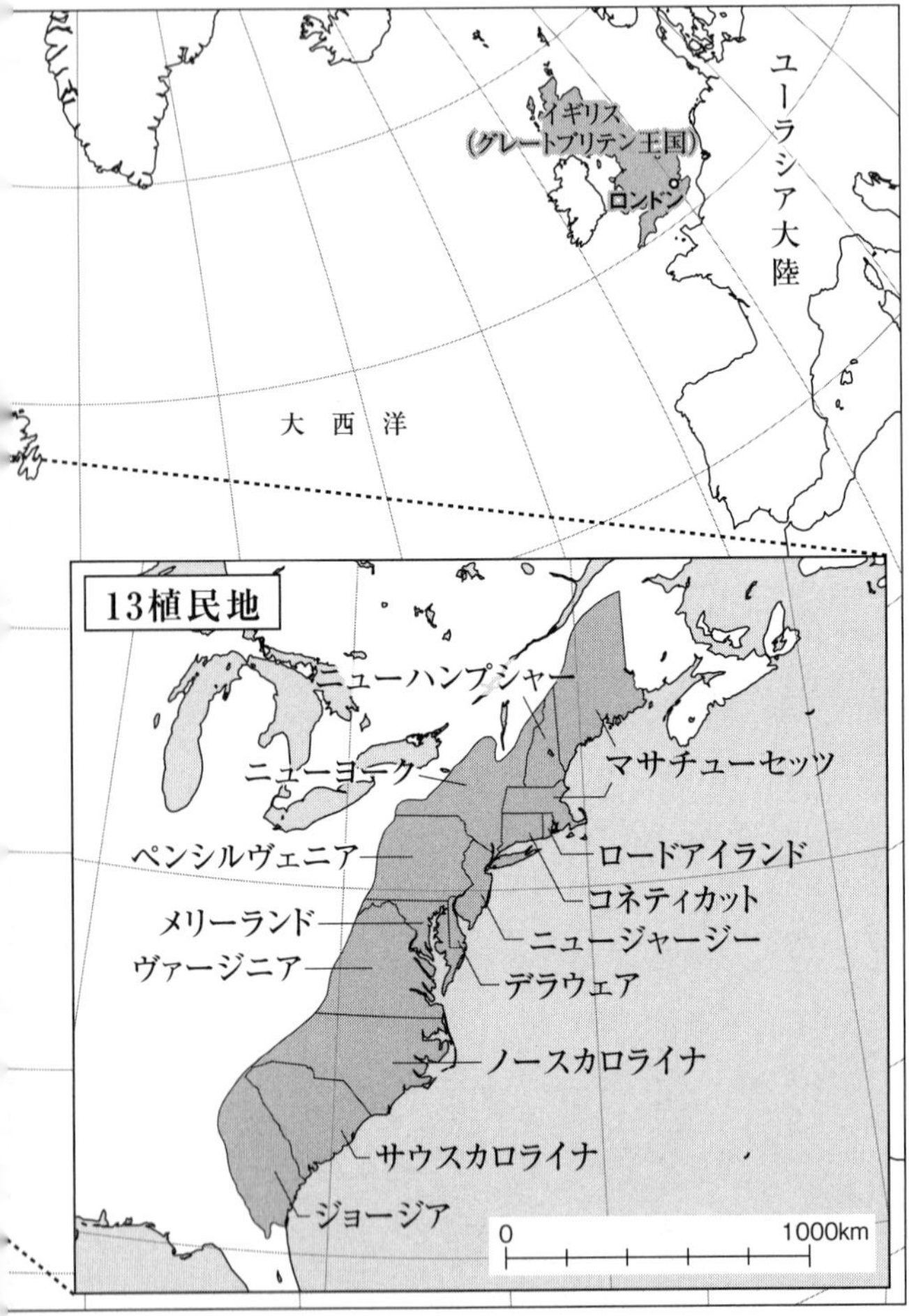
ユーラシア大陸
イギリス
（グレートブリテン王国）
ロンドン
大西洋
13植民地
ニューハンプシャー
マサチューセッツ
ニューヨーク
ペンシルヴェニア
ロードアイランド
コネティカット
メリーランド
ニュージャージー
ヴァージニア
デラウェア
ノースカロライナ
サウスカロライナ
ジョージア
0
1000km

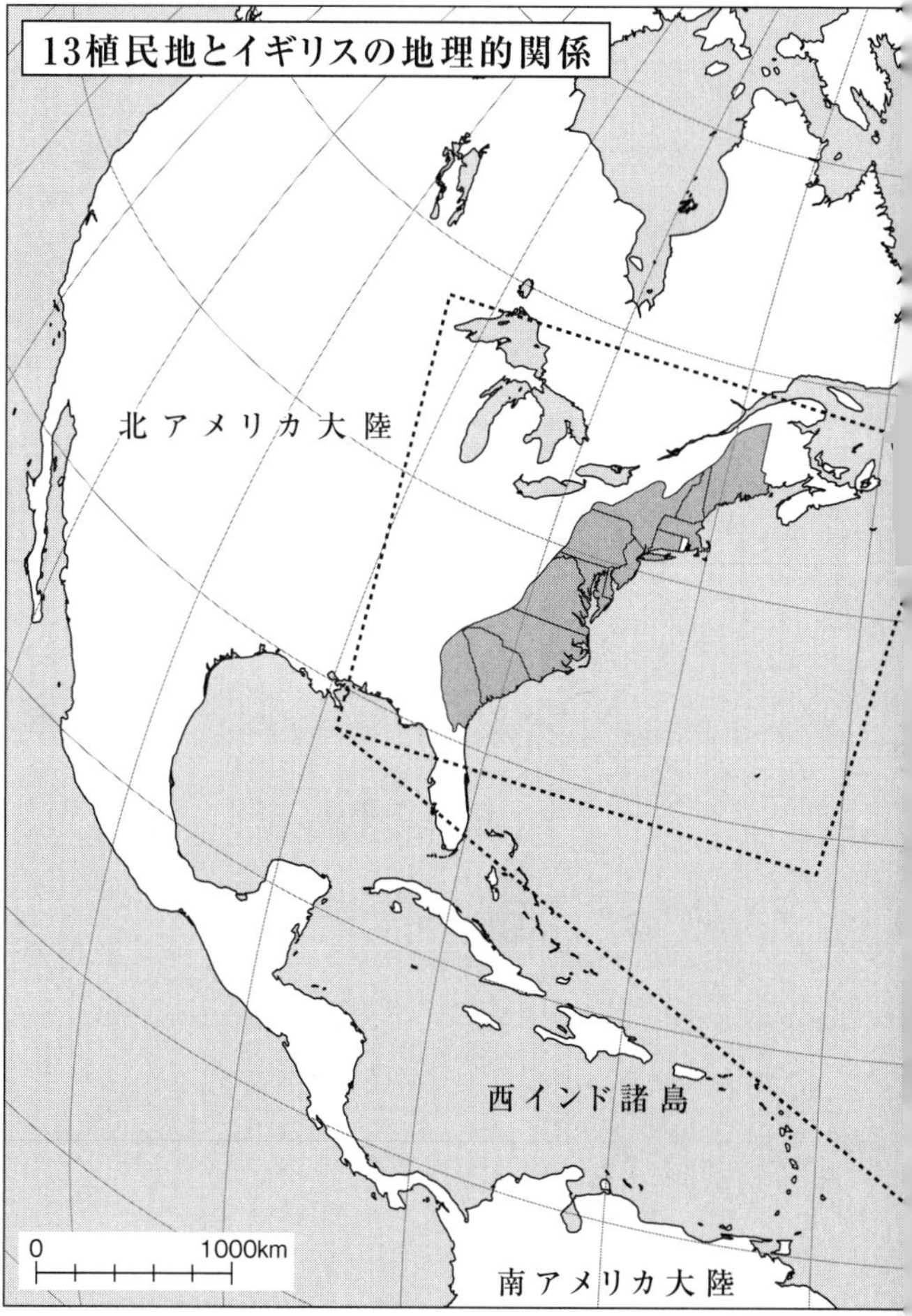
13植民地とイギリスの地理的関係
北アメリカ大陸
西インド諸島
南アメリカ大陸
0
1000km

コモン・センス

コモン・センス（一七七六年）

著者はしがき

以下のページにおいて述べる所見はまだ十分には時流に乗っていないので、恐らく一般の支持は得られないだろう。ある物事について正しいという思い込みが惰性となって長く働くと、そこには、一見したところ正しいかのような見かけがそなわる。だから最初は、思い込みを擁護しようとして大音声の抗議が湧き上がる。しかし騒ぎはやがて収まる。人の考えを改めさせるのは、理屈ではなく時間である。

暴力的な権力の濫用が長いあいだ続く場合、一般的にはそれだけでも、その正当性に対して異議を唱える根拠になる（被害者が業を煮やして質《ただ》さなければ、見過ごしになっていたかもしれない事がらについても、同様である）。また、（イギリス国王の言い方を借りれば）議会には「議会なりの」権能があり、そうした議会を支えることを、国王はみずからの権能において引き受けてきた。また、この国の善良な人民は、国王と議会との結託によってひどく抑圧されてきた。以上の点を考え合わせれば、人民には疑う余地のない特権がある。それは、国王と議会の根拠なき要求を質し、権利侵害をくわだてるのがどちら側であるにせよ、それを同じように拒否できるということである。

この小冊子の以下のページにおいて著者は、自分の対人関係に属することはすべて注意深く避けた。したがって、個人に対する非難はもちろん、賛辞も述べていない。見識のある人々、人徳のある人々は、小冊子の類を読んで勝利感に酔うことを必要としない。また、見識のない人々や敵意に満ちた人々は、転向にともなう苦痛が甚《はなは》だしいものでない限り、みずから進んで考えを改めるであろう。

アメリカの大義は大部分、全人類の大義でもある。これまで地域の枠を超える世界規模の事件が数々起こったし、これからも起こるであろう。それらの事件は、人類愛を持つ人々全員の倫理観に影響を与えている。また、事件の成り行きは、人々の熱烈な関心の的になっている。戦火や殺戮《さつりく》で一国を荒廃に追い込み、全人類の自然権に対して宣戦布告し、自然権を擁護しようとする人々を地球上から抹殺する――このような事態には、生まれつき心の痛みを感じる能力がない者を別とすれば、誰もが関心を持たずにはいられない。筆者もそのひとりである。党派的立場は関係ない。

第三版への著者の追記

この新版の刊行は、〔意図的に〕遅らせた。独立論に対して反駁《はんばく》を試みる向きがあるのではないかと、注意していたからである。しかし、そのような反論の公表を準備するのに必要な時間はずいぶん経過したのに、これまで何の反論もない。今後も、もう何も出てこないだろうと思われる。

この小冊子の著者が誰であるか、一般の読者が知る必要はまったくない。なぜならば、注目すべき問題は独立論そのものであって、著者ではないからだ。しかし著者がいかなる特定の党派とも無関係であること、また、理性および原理原則の影響を別とすれば、公私を問わずいかなる種類の影響力にも左右されていないと断っておくことは、不必要ではないかもしれない。

一七七六年二月十四日、フィラデルフィアにて記す

第一章　国家一般の起源および目的について　イギリスの政体についても手短に

一部の政論家は、社会と国家の違いが見分けられず、両者をほとんど、あるいは完全に同一視してきた。ところが社会と国家は別のものであるばかりか、そもそも起源さえも異なるのである。社会は人間の必要を満たすために形成され、国家は悪を懲《こ》らすために形成される。社会が人間の心と心を結びつけることによって人間の幸福をますます高めるのに対し、国家は悪を抑制することによって幸福の低下を防ぐ。社会が人々の交流を促すのに対し、国家は人々を区別する。前者の任務は保護であり、後者の任務は懲罰である。

社会はいかなる状態にあっても歓迎される。だが国家は、この上なく健全な状態にあっても必要悪にすぎない。まして最悪の状態にあるなら我慢のならない存在と化す。

なぜか。政府を戴いた私たちが、国家統治がおこなわれていない国において予想されるのと同じ辛酸をなめるとき――いや、政府によってなめさせられるとき――私たちの苦境は、自分自身が政府という苦しみの原因を招いたのだという後悔ゆえに、なおさら堪えがたいものとなるからである。国家というものは、アダムとイヴにとっての衣服と同じく、もはや人間が無垢《むく》ではなくなったことの証《あかし》である。人間が無垢だった時代の楽園の住みかは、王侯の宮殿の下に埋もれている。国家が人間の罪深さを物語るのはなぜか。仮に良心の声がはっきりと、ゆるがぬ力強さで、有無を言わさず人を突き動かすとすれば、人間は良心以外の立法者を必要とするだろうか。だが実際にはそうではない。だから人間は、自分の所有するもののうち一部を放棄することによって、残りを守るための手立てを確保する必要があると判断するのである。そして、そのような気持ちに傾くのは、他の場合と同じく、「二つの悪のうち小さい悪を選べ」とさとすあの分別《ふんべつ》が働くからである。このような次第で安全こそが国家統治の真の意図および目的である以上、次のことに疑問をさしはさむ余地はない。すなわち、安全を確保してくれる見込みが他よりも大きく、しかもそれにともなう費用が最小で、便益が最大であるならば、他の条件がどうあろうともそれ以上に望ましい統治形態はないということだ。

国家統治の意図や目的をはっきりと正しく認識するために、地球上のどこか辺鄙《へんぴ》な、「陸の孤島」のような土地に定住した一握りの人々を想像してみよう。そうすれば、人間がどこかの国または世界に初めて定住するときの様子が再現されるであろう。このような、本来的な自由の状態に置かれたとき、人間は真っ先に、他の人々と交わりを持とうと思い立つ。人間が社会を形成する動機は、数え切れないほどある。一人ひとりの人間の力は、それぞれの不足を満たすのには不十分である。また、人間の精神はいつまでも孤独でいるのには不向きである。だから人間は、やがて他人の助力や支援を請わずにはいられなくなる。力を貸す者もまた、自分のことになれば別の人間の助けを必要とする。四人か五人が力を合わせれば、野中に雨露をしのぐための住みかを建てることもできようが、一人の人間の力では、平均寿命に匹敵するほどの歳月を費やして営々と働いても、何も成し遂げられないかもしれない。木を切り倒してもそれを運び出すことができないし、運び出しても今度はそれを立てることができない。作業の合間には空腹を癒やすべく手を休めなければならないし、さまざまな生理的欲求もその都度満たさなければならない。病気になれば、いや、災害に遭っただけでも、死につながりかねない。というのも病気や災害に見舞われると、よしんばそれによって直接生命を絶たれることがないとしても、生計が立てられなくなり、「死ぬ」と言うよりもむしろ「斃《たお》れる」と言ったほうが適切であるような状態に陥るからである。

このような次第で新来の移民は、引力に引き寄せられるのと同じように、必要に迫られてたちどころに社会を形成するのである。人間が互いに社会を大事にするならば、法や統治機関の拘束力はそれによって取って代わられ、無用のものとなるであろう。ただしそれは、人間が互いに完全に正しく振る舞う限りにおいての話である。しかし、悪しきに流れるのは世の常である。移住直後、困難に直面すると、同じ目標を目指して協力する気運が高まるが、そうした困難が克服されるにつれて相互の義務感や思いやりは希薄になっていく。それは避けようのないことである。このような気構えの緩みから読み取れるのは、何らかの統治形態を確立し、道徳心の不足を補う必要がある、ということである。

そこで、何か大きな樹木があれば、そこが議場となる。木陰に入植者全員が集い、公共の事がらを討議するのである。彼らの最初の法律はただ単に「規約」と称され、違反した場合に世間からさげすまれることを別とすれば、強制力を働かせるための刑罰は設けられない。そうなることは十中八九確実である。この最初の議会においては、各人は自然権にもとづきそれぞれ議席を与えられる。

しかし、入植地が拡大するにつれて公共の関心事も同様に増加する。しかも、入植者の居住地が互いに遠く離れるので、当初と同じようにその都度全員が集合することが不便になってくる。かつては入植者の数が限られており、住居は互いに接近していた。また、公共の関心事は数が少なく、重要性も低かった。入植地が拡大するにつれて、公共の任務のうち立法を、母集団の中から選ばれる優れた人士にゆだねることに同意すれば便利であることが分かってくる。選ばれた人々は、任命した人々と利害を同じくするはずであり、したがって、母集団が議会に出席する場合と同じ態度を示すことが見込まれる。入植地がさらに拡大を続けるならば、代議員の数をふやす必要が生ずる。そして、入植地の各地域の利害を満遍なく配慮するためには、入植地全体を適宜区分して、それぞれの区域からしかるべき数の代議員を送り出させるのが最上の方法であることが判明しよう。また、当選した人々が選挙民から遊離した利益集団を形成するのを防ぐためには、世知に従うならば、間遠《まどお》にならないように選挙を実施することが妥当である。なぜか。そのようなやり方を採れば、代議員が選挙区に帰り、選挙民全体と二、三カ月間ふたたび交流するうちに「自業自得を避ける」という分別ある結論に達するので、選挙民に対する忠誠が確保されるからである。そして、このような頻繁なやり取りを通じて、共同体の各部分との間に共通の利害関係が構築され、代議員と選挙民はおのずと相互に相手を支えることになる。統治する側の力と統治される国民の幸福は、(国王という虚名によってではなく)まさにこのような仕組みによって決まるのである。

国家の由来や起源は以上の事情に求められる。一言で要約するなら国家というものは、道徳心に頼ったのでは世を治めることができないからこそ必要とされる制度なのである。自由や安全の確保という国家統治の意図や目的も、やはり同じところを出発点とする。たしかに私たちの側では、外見に目がくらんだり、言葉の響きに欺かれたりすることもあろう。また、思い込みに妨げられて判断がゆがめられたり、利害関係にとらわれて理解が浅くなったりすることもあろう。だが、純粋な、ありのままの理性の声は言う。この説明は正しい、と。

統治形態について自分なりの考えを導くにあたり私が依拠するのは、人為的には覆すことのできない自然界の原理である。それは、「何事も単純であればあるほど狂いが少ないし、狂いが生じたときにも直しが容易だ」というものである。この原理を念頭に置きつつ、さかんに自画自賛されるイギリスの政体について若干論じてみよう。イギリスの政体は、暗黒の圧制時代に樹立されたことを考えれば、確かに崇高であった。それは認めてもよい。世界中が専制におおわれていた時代にわずかとはいえそこから遠ざかったということは、「人類をその分だけ」立派に解放したのに等しい。だがイギリスの政体は不完全であり、ともすれば動乱が起こりやすく、約束されているように見えるものは、実現されない。それは容易に立証できる。

専制政府は（人間性を貶《おとし》めるものであるが）長所もそなえている。それは、単純だということである。人民が苦しんでいる場合、政府は苦しみの原因を知っており、同様に解決策も心得ている。原因や解決策が多様であるために困惑するということはない。ところが、イギリスの政体は甚《はなは》だしく複雑である。国民はともすれば、どこに欠陥があるのか分からないまま長年にわたって苦しむ。原因をどこに見いだすかは、人によりまちまちである。政治の病弊を治そうとする者は、それぞれに異なる処方箋を推奨する。

偏狭な、あるいは積年の固定観念を正すのがむずかしいことは分かっている。とはいえ、イギリスの政体の構成要素を検証すれば、それが、以下に示すとおり、古代に出現した二つの専制政治の劣化した遺物に、ある新しい共和制の素材を継ぎ足したものであることが分かるだろう。

（一）国王が体現する君主専制政治の遺物
（二）貴族院が体現する貴族専制政治の遺物
（三）庶民院（イギリスの自由を左右するだけの力がある）が体現する新しい共和制の素材

最初の二つは、世襲である以上、人民とは無関係であり、したがって政体の構成要素としては国家の自由に対して何の貢献もしない。

イギリスの政体を、互いに抑制する三個の権力が合体したものと称するなら、茶番か、さもなければまったくの自家撞着である。

「庶民院が国王を抑制する」と称するなら、それは次の二点を前提としていることになる。

（一）国王は信用できないので監督する必要がある。すなわち、絶対的な権力を渇望するのは、君主制に付きものの宿痾《しゅくあ》である。

（二）庶民院の議員は国王を監督するために任命される以上、英知に富み信用に値するという点で国王を凌駕している。

しかしこのイギリスの政体は、国庫の歳出に同意しないことによって国王を抑制する権力を庶民院に持たせながら、他方国王にも、歳出関連以外の法案に対する拒否権を通じて庶民院を抑制するための権力を持たせているのである。そうである以上この政体は、英知の点で国王を凌駕するはずの庶民院よりも、国王のほうが英知に富んでいると改めて想定しているのに等しい。愚の骨頂である！

君主制の仕組みにはひどくおかしな部分がある。君主制はひとりの人間に対して、情報入手の手段を制限しておきながら、最高度の判断が必要とされるときに行動を起こす権能を与えている。国王の立場に置かれると俗世から隔離されるが、国王の職務を遂行するためには俗世のことを熟知していなければならない。このように、君主のさまざまな構成要素は不自然なまでに対立し合い、互いの力を相殺《そうさい》する。こうした実態に照らせば明らかなことであるが、君主の総体的な役割は不合理かつ無益である。

一部の政論家はイギリスの政体をこれまで次のように説明してきた。「国王と人民は別個のものであり、貴族院は国王を代表し、庶民院は人民を代表する」。しかし、これはすべて、分立している個々の議院の特徴を述べているのにすぎない。その表現は耳には快いが、よく吟味してみると無意味で曖昧な趣《おもむき》をまぬかれない。そして、これは絶えず起こることであるが、言葉は、最大限に巧みに組み立てられたとしても、存在するはずのないものや説明できないほど不可解なものを記述するために用いられると、うつろに響くばかりである。そのような言葉は、耳を楽しませてくれるかもしれないが、思考回路には何も伝えてこない。実際、イギリスの政体に関する右の説明は、それに先立つ問いを黙殺している。問いはこうである。「人民が託すのを不安に思う権力を、また、絶えず抑制しなければならない権力を、国王はどのようにして手に入れたのか」。英知ある人民であれば、そのような権力を国王に贈るはずがない。また、いかなる権力にせよ、抑制する必要のある権力を、神が授けるはずがない。ところがイギリス政体の備えは、まさにそのような権力が存在することを前提としているのである。

だが、そうした備えは政体の使命に見合っていない。既存の仕組みでは、目的は達成不可能であるか、あるいは、そもそも目的を達成しようとの意志がないかのいずれかである。そして、営為全体が自殺行為となる。なぜか。［天秤の］分銅を持ち上げるのは、必ずそれより重い分銅である。また、機械のすべての歯車は、そのうちの一個の歯車のはずみによって始動する。それと同じように、政体においてはいかなる権力が最大の重みを持っているのかを把握するだけでよい。なぜならそれが支配の要《かなめ》だからである。そして、他の権力（ないしその一部）は、支配的な権力の運動の速度を鈍らせたり抑えたりするかもしれないが、それは、運動を止めることができない以上、無駄骨折りとなる。最初に始動する権力は結局のところ運動を続け、よしんば速度が不足していても、運動が長く続くことによって埋め合わされるのである。

言うまでもなく、イギリスの政体においてこの最重要の役割を担っているのは国王である。また、国王がそのような結果を存分に享受するのは、ひとえに、地位や俸禄を与える立場にあるからである。それは自明のことである。したがって次のように言える。我々はこれまで、賢明にも絶対王政を防ぐために扉を閉ざし錠をおろしておきながら、同時に、国王に扉の鍵を預けるほどおろかでもあったのである。

国王・貴族院・庶民院による統治をよしとするイギリス人の思い込みは、理性もさることながらそれ以上に、国民としての自負心に起因している。なるほど個人の安全が守られているという点では、イギリスは他の国々よりも優れている。それは疑いない。しかし、国王の意志が国の法律になるという点では、イギリスはフランスと同断である。異なるのはただ一つ、それが国王から直接発せられるのではなく、議会の法令という恐るべき形をとって人民に伝えられるという点だけである。なぜそうなったのか。チャールズ一世(1)の運命に恐れおののいた歴代国王が、公正というよりもむしろ狡猾になったからである。

したがって、ある様式や形態を支持する国民的な自負心や固定観念を一つ残らず捨象するなら、明白な真実が理解されよう。それは、イギリスの国王がトルコの国王ほど圧制的でないのは統治構造のおかげではなく、もっぱら人民の気質のおかげだということである。

イギリスの統治形態には構造上の欠陥がある。今、その欠陥を究明することが大い

(1) チャールズ一世 (Charles I) (一六〇〇~四九年)。イングランド国王 (在位一六二五~四九年)。議会が一六二八年に「権利の請願」を可決したのを受け、議会の承認なく租税を徴収しないこと、国民を法律によらずに逮捕しないことを約束したが、翌年議会を解散。その後十一年間議会を招集することなく専制政治をおこなった。ピューリタン革命を招き、一六四九年に処刑された。

に必要になっている。それは、次の事情による。人を惑わすような、何らかの先入観にとらわれている限り、自分自身を公平に見ることはできない。それはちょうど、うぬぼれに支配されたままになっていると、他人の長所を正しく評価するための適切な条件が得られないのと同じことである。また、先入観にとらわれて腐敗した統治構造を支持するような者は、優れた統治構造を見てもそうとは認識できまい。それは、娼婦に心を奪われている男が、結婚相手を選んだり品定めしたりする資格を持たないのと同じことである。

第二章　君主制および世襲について

天地が創造されたときの秩序からすると、人間はもともと平等であった。平等を破壊するものがあるとすれば、それは後世の何らかの事情だけであろう。貧富の差が生じたことは、「圧制」や「金銭欲」のような、あくの強い、耳ざわりな言葉を持ち出さずとも、おおよその説明がつく。圧制は、富を得た結果であることが多く、富を得るための手段となることは、皆無ではないにしても、稀である。金銭欲の強い人間は、食うに困るほどの貧困に陥ることはないが、たいていは金銭に汲々《きゅうきゅう》とするあまり富裕にはなれない。

しかし人類には、それとは別の、もっと深刻な差がある。国王と臣民の身分差である。それは、純然たる自然の理由をもってしても、宗教上の理由をもってしても、説明がつかない。男女差は自然によって設けられ、善悪の区別は神によって設けられた。しかし、ある血統がこの世に出現し、あのように他の人間の上に君臨するのはなぜか。

また、その血統の人々があたかも人間とは別の新しい種《しゅ》であるかのように特別扱いされるのはなぜか。また、彼らは人類に幸福をもたらすのだろうか、それとも苦難をもたらすのだろうか。これは究明に値する問題である。

聖書の出来事を年代順に並べると分かることだが、世界の創生期には王というものは存在しなかった。だからその時代には戦争も起こらなかった。人類を混乱に陥れるのは王の自負心である。国王を戴かないオランダ(1)は、過去一世紀の間、ヨーロッパのどこの君主国よりも平和を享受した。古代の生活を振り返ってみると、やはりこの所見が裏づけられる。たとえば、イスラエル民族の祖先たちののどかな田園生活にはどことなく幸せな感じがするが、そのような雰囲気は、時代が下りユダヤ王国(2)の歴史が始まると消え去る。

王による統治を初めて世の中にもたらしたのは異教徒である。そして、ヤコブの子孫であるイスラエル人はこの慣習をまねた。悪魔が偶像崇拝を広めるためにこれまでに作った仕組みで、これほど盛んになったものはない。異教徒は、死んだ王を崇拝した。しかるにキリスト教徒の世界では、生きている国王を崇拝することによってこの仕組みをさらに強化したのである。王は、光輝につつまれながらもやがては塵芥《じんかい》となる虫ケラにすぎない。そのような生身の人間に神聖なるマジェスティ（陛下）という、本来は神の偉大さを示す敬称を当てはめるとは、神を恐れぬ所業である！

ひとりの人間を他の人間のはるか上に立たせることは、各人に平等に与えられた自然権にもとづくなら、およそ正当化できない。同様に、聖書の権威にもとづいても正当化できない。論より証拠、ギデオン(3)や預言者サムエル(4)が告げる全能の神の意志は、王による統治をはっきりと却下しているではないか。王政を布《し》いている国々ではこれ

（1）正式にはネーデルラント連邦共和国。同共和国は一七九五年、フランス革命軍の攻撃によって崩壊。オランダがネーデルラント王国として独立を認められたのは一八一五年、ナポレオン没落後のウィーン会議において。

（2）ここでは、紀元前千年ごろまでに王政となったヘブライ人の国家、イスラエル王国を指す。ソロモン王の没（紀元前九二二年?）後、南北に分裂した。

（3）ギデオン（Gideon）。旧約聖書「士師《しし》記」に登場するイスラエルの士師。イスラエルに対して侵入と略奪を繰り返していたミディアン人とアマレク人を、少数精鋭部隊（兵員数三百名）を率いて掃討した。

（4）サムエル（Samuel）。旧約聖書「サムエル記」に登場するイスラエル最後の士師。王政を求める民を抑えきれず、神の命を受けて王を立てたとされる。実在するなら紀元前十一世紀の人。

まで、聖書に散見される、王政に否定的な箇所をすべて言葉巧みに言いつくろってきた。しかし、それらの箇所は疑いなく、これから政府を樹立する国にとっては一考に値する。「皇帝《カエサル》のものは皇帝に返せ(5)」というのが、王室の言う聖書の教えである。だがこの一節は、君主制を支持しているわけではない。なにしろ当時のユダヤ人は国王を戴いておらず、ローマ帝国に服属していたのだから。

ユダヤ人が民族的な妄想に駆られて王を求めたのは、モーセ(6)の述べる天地創造から三千年近くが過ぎ去ってからのことであった。そのときまでユダヤ人の統治形態は（全能の神が介入する非常事態の場合を例外として）一種の共和制であった。統治するのは士師《しし》(7)ひとりと部族の長老数名で、王は存在しなかった。「万軍《ばんぐん》の主《しゅ》」であるエホヴァを別として、王と名乗る者を認めることは罪深いことと考えられていた。そして、生身の人間にすぎない王を神の偶像として崇拝することについて深く反省するならば、みずからの栄光［が奪われること］を憂えてやまぬ全能の神が、神の大権を平然と侵す統治形態を承認しないのは、何ら不思議なことではない。

聖書では、君主制はユダヤ人の罪の一つに数えられている。ユダヤ人はその報いとして、悲運の道を宣告されている。事のいきさつは注目に値する。

ユダヤ人はミディアン人(8)によって迫害されていた。ギデオンはわずかな手勢《てぜい》を引き連れてミディアン人に反撃を加え、神の加護により勝利を引き寄せた。ユダヤ人はこの成功に得意になり、それを、ギデオンの将帥《しょうすい》としての器のおかげと考えた。そして、次のように述べて、彼を王として迎えたいと願い出た。「汝のみならずその子、孫まででも、我らを治めよ(9)」。ここに込められている誘惑ほど、人の心をゆさぶるものはない。なにしろ単に王国を治めるばかりではなく、それを世襲してくれという申し出な

(5) 新約聖書「マタイによる福音書」(二十二・二十一)ほかに見えるイエスの言葉。この言葉の後に、「神のものは神に返せ」と続く。神への服従と国家に対する義務とは両立すると説いているようにも解釈できる。

(6) モーセ(Moses)。前十三世紀ころのイスラエルの指導者。エジプト「新王国」の圧制下にあったイスラエル人を引き連れてパレスチナに脱出した(出エジプト)。旧約聖書の最初の五書「創世記」「出エジプト記」「レビ記」「民数記」「申命記」はモーセが書いたとも伝えられる。

(7) 古代イスラエルの宗教的最高指導者。

(8) イスラエルに対して侵入と略奪を繰り返していた遊牧民。

(9) 旧約聖書「士師記」(八・二十二)。

のだ。だが、敬虔な心の持ち主であるギデオンは答えた。「我、汝らを治めることなし。わが子が治めることもなし。汝らを治めるのは神なり」(10)。これ以上に明白な言葉は必要ない。ギデオンは、王になるという名誉を拒んでいるのではない。ユダヤ人はそのような名誉を授与する権利を持たない、と言っているのである。ギデオンはまた、取ってつけたような感謝の言葉でおもねることなく、ユダヤ人のいだく、本来の主権者である神への不満を、預言者らしくきっぱりと断罪している。

このときからおよそ百三十年、ユダヤ人はふたたび同じ過ちを犯した。ユダヤ人が異教徒の偶像崇拝に対していだく憧《あこが》れは度はずれで説明がつかない。だが、その結果はこうである。ある世俗の事がらを任されていたサムエルのふたりの息子が不祥事を起こしたとき、ユダヤ人はそれに乗じてにわかに、やかましくサムエルに迫った。「あなたは年をとられた。息子たちはあなたの道を歩んでいない。今こそ、他の国々と同じように、私たちを裁く王を立てていただきたい」(11)と。これについて否応なく気づかされることがある。それは、ユダヤ人の動機が不純だったということだ。言い換えれば、ユダヤ人は他の国々すなわち異教徒をまねようとした、ということである。ところがユダヤ人の真の栄光は、ユダヤ人がこの上なく異教徒と隔たっているというところにあるのだ。ユダヤ人から「我らを裁く王を遣わし給え」と申し入れがあったとき、サムエルはその言い分を聞いて気分を害した。サムエルは主に祈った。すると、主はサムエルに仰せになった。「民が発するすべての言葉のままに、その声に耳を傾けよ。民は汝を斥けたるにあらず、我の支配を終わらしめんとて我を斥けたり。彼らは、エジプトから救い出されたる日より今日まで何をば為《な》したらんや。唯《ただ》に我を捨て、他の神々に仕えたるのみ。汝への仕打ちも同断なり。しかして今は、彼らの声に耳を傾けよ。されど、彼らを厳にいさめ、彼らを治めるべき王の流儀を教えさとせ(12)」

ここで述べられているのは、特定の王のやり口ではなく、イスラエルがかくも熱心にまねようとしている地上の王が、一般的にどのようにふるまうのかということである。ちなみに、時代が大きく隔たり、統治ぶりも異なっているにもかかわらず、今も王政の本質は廃れていない。

サムエルは、王を立ててくれと頼むこの民に、主の言葉をもれなく伝えた。そして、

(10)　旧約聖書「士師記」(八・二十三)。
(11)　旧約聖書「サムエル記・上」(八・五)。
(12)　旧約聖書「サムエル記・上」(八・七〜九)。

次のように述べた。

「あなた方を治めることになる王の統治ぶりはこうだ。王はあなた方の息子たちを召し、戦車《チャリオット》兵や騎兵に仕立て、みずからの戦車の先駆けを務めさせる（この記述は、現代版の男子の徴兵と軌を一にする）。また、彼らを千人隊や五十人隊の隊長に任じ、領地の耕作と収穫に当たらせ、武器や戦車の部品を作らせる。また、あなた方の娘たちを召し、香料、料理、パンを作らせる（これは王の圧制のみならず、その浪費と奢侈《しゃし》についても述べているのである）。王はあなた方の畑やブドウ園やオリーブ園の最上の部分まで召し上げ、おのれの家臣に与える。また、あなた方の穀物やブドウ園からその十分の一を取り上げ、おのれの官吏と家臣に与える（これに照らせば王というものが、人のものを力ずくで奪う、人心を堕落させる、情実を優先するなどの悪徳行為と、切っても切れない関係にあるということが分かる）。王はまた、あなた方の僕婢《ぼくひ》や特に働きのよい若者の中から、そしてロバの中から十分の一を召し上げ、自分のために働かせる。さらに、あなた方の羊のうち十分の一を召し上げ、ついにはあなた方を下僕にする。その日が来て自分たちの選んだ王のためにうめき声を上げることになっても、その時、主はあなた方の声をお聞き届けにならない(13)」

以上のことは、王政が続いた場合の事態を説明しているのである。これまでにわずかばかり出現した善良な王の性格を持ち出したとしても、王という称号は清められはしない。また、王の起源の罪深さも帳消しになりはしない。ダヴィデ(14)に寄せられた大いなる賛辞は、公人として王の立場にあるダヴィデではなく、神自身の御心《みこころ》を見ならう一介の人間としてのダヴィデを念頭に置いているのである。

サムエルのこうした説明にもかかわらず、民はその声に従うことを拒み、次のように言った。「いや、何としても王の君臨を仰ぎたい。そうすれば他のすべての国々と同じく、王が裁きをおこない、陣頭に立ち、われらの戦いを敢行するであろう(15)」

サムエルは説得を続けたが、徒労に終わった。また、神の恩寵《おんちょう》を忘れていると指摘したが、何の甲斐もなかった。そして、民がおろかな考えにすっかり心を奪われているのを見て、声を張り上げた。

(13)　旧約聖書「サムエル記・上」(八・十〜十八)。
(14)　ダヴィデ(David)。イスラエル王国の二代目の王(在位紀元前一〇〇〇頃〜前九六一年頃)。イスラエルの南北統一を果たし、首都をエルサレムに定める。
(15)　旧約聖書「サムエル記・上」(八・十九〜二十)。

「私が主に呼び求めれば、主は雷と雨を下されよう〔穀物の収穫期だったので、それは天罰である〕。それを見てあなた方は、王を求めるという罪が主から見れば大罪であることを悟ろう」。サムエルが主に呼び求めると、主はその日、雷と雨を下された。民は皆、主とサムエルをひどく恐れた。そして、サムエルに願った。「あなたの僕《しもべ》のために、主に祈り給え。私たちがこれまでの罪に加えて、王を求めるという罪を犯したからといって、命を奪われることのないように(16)」。聖書のこの一節は直截《ちょくせつ》かつ明晰である。二様に解釈する余地はない。全能の神はここで君主制に抗議しているのである。そう解するのが正しい。そうでないとすれば、その聖書は偽書である。カトリックの国々において聖書を民衆の目に触れないようにしているのは、教会の思惑とならんで国王の思惑が働いているからだ。そう信じるに足る十分な理由がある。なにしろいかなる君主制も、政治の世界のカトリック教会のようなものだからだ。

われわれは君主制という悪弊に加えて、世襲制という悪弊も受け入れている。君主制は私たち自身をおとしめ、軽んずるものである。それと同様に、権利として要求される世襲制は、子孫をはずかしめ、欺くものである。考えてみるがよい。人はみな本来平等である。何人《なんびと》にも、自分の家系が生まれによって永久に他の家系に優越するなど考える権利は与えられていない。また、本人自身は同時代の人々から何らかの相応の敬意を払ってもらうに値するかもしれないが、その子孫は、父祖が勝ち得た敬意を引き継ぐにはあまりにも無能であるかもしれない。王位の世襲は愚行である。それを示す自然界のもっとも有力な証拠を挙げよう。それは、自然の摂理がそれを認めていないということである。さもなければ、自然界が人類に対しライオンではなくロバを与えることによって世襲制をあざ笑うような事態は、そう頻繁には起こらないであろう。

第二に、最初の代では誰しも、自分自身に与えられたもの以外の、いかなる公的な名誉も手に入れられない。それと同じように、名誉を授与する側でもおのれの子孫の権利を勝手に放棄するわけにはいかない。「あなたを頭領に選ぶ」とは言えるとしても、「あなたの子孫に、私たちの子孫を永久に統治してもらおう」と言うならば、自分の子孫の権利をあからさまに侵害することになる。なぜならば、そのような不見識で不当で不自然な契約を結べば、（恐らく）次の代になると、ならず者か、そうでな

(16)　旧約聖書「サムエル記・上」（十二・十七〜十九）。

ければおろか者に支配されることになるからだ。見識ある者はたいてい、個人的心情として世襲の権利を蔑視するのが常であった。しかし、ひとたび確立すると容易に廃止できないのが世襲の弊である。多くの者は畏怖ゆえに、その他の者は迷信ゆえに服従するし、有力者は人々から強奪したものを君主と分かち合う。

以上述べたことは、世界の現役の王族が名誉ある血筋に連なっているということを前提にしている。しかるに実情は十中八九、次のとおりである。古代の暗いとばりを引き上げ、王の起源をさかのぼれば分かるように、初代の王は、せわしなく立ち回る匪賊《ひぞく》を率いていたにすぎず、情け容赦のない巧妙なやり口によって略奪者の頭目と称されるようになったのである。そして力をたくわえ、略奪をエスカレートさせることによって、おとなしくて非力な人々を威圧した。人々は、身の安全と引き換えに、頻繁に貢ぎ物をささげなければならなかった。だが頭目を選んだ人々は、頭目の子孫に世襲の権利を与えるつもりはなかった。なぜなら、そのような独占を永久に許すことは、自分たちの生活信条である自由の原則と矛盾するものだったからである。したがって、君主制初期の世襲制は、権利にもとづいて発足したのではなく、何らかの思いつきの産物として、または付属物として発足したのである。しかし、当時の記録で今も残っているものは、ほとんど存在しないか、あるいは皆無である。また、口承による歴史は作り話ばかりである。そのような次第で、数世代が過ぎ去ると、自分にとって都合のいい年代にムハンマド[17]さながらの「神のお告げ」があったことにして、世襲の権利を人民に納得させることは、いともたやすいことであった。恐らく頭目の死後、後継者を選ぶに際して（無法者の互選はあまり秩序正しいものになる可能性がないので）混乱が生ずる恐れがあった。あるいは、そのように感じられた。だから多くの者は、当初、世襲で決すべしという主張を支持する気になったのである。こうして便宜的にゆだねられたものが、後にたまたま権利として要求されるようになり、それ以後もそうなっているのである。

イギリスではノルマン・コンクェスト[18]以来、名君を戴くことも稀にはあったが、暗君に統治されてうめき苦しむことのほうがはるかに多かった。しかも、歴代国王は

（17）ムハンマド（Muhammad）。イスラム教の創始者（五七〇頃～六三二年）。六一〇年頃、メッカで唯一神アッラーの啓示を受けたとされる。

（18）一〇六六年、フランスのノルマンディー公ギヨームがイングランドを攻略、イングランド王・ウィリアム一世として即位したことを指す。

ウィリアム征服王(19)の末裔《まつえい》にあたると称しているが、そこに赫々《かくかく》たる名誉があるとでも言うのだろうか。正気であるなら、そのようなことは言えない。ウィリアム征服王はフランスの一庶子である。武装した一党を引き連れてイングランドに上陸し、先住民の同意も得ずにイングランド国王の座に収まったのである。ありていに言えば甚《はなは》だしく卑しい、身分の低い開祖である。そこに何の神聖さもないことは確かである。しかし、世襲の権利がばかげているということを暴露するために、たくさんの時間を費やす必要はない。世襲の権利を信じるほど愚鈍な者どもには、ロバとライオンを見境なく崇めさせておけばよい。それで結構である。私は彼らの卑屈な態度をまねようとは思わない。また、彼らの忠誠を邪魔するつもりもない。

しかし尋ねてみたい。彼らの想像するところでは、国王というものは最初どのように登場したのであろうか。答えは三つしかないはずだ。すなわち、天命によるか、選挙によるか、簒奪《さんだつ》によるか。そのいずれかである。もし最初の国王が天命によって迎えられたとすると、それは後継者にとって前例となり、世襲による王位継承は排除される。サウル(20)は天命によって迎えられたが、その王位が世襲されることはなかった。また、王位を世襲するという意図が働いていなかったことは、サウルが王位に就くときのやり取りから明らかである。また、どこの国であろうとも、初代の国王が選挙によって迎えられたとすると、これもまた後継者にとって前例となる。なぜそう言えるのか。最初に国王を選んだ人々が国王のみならずその末裔をも対象に含めた結果、おのれの子孫の権利を全面的に奪われたという話は、聖書にもそれ以外の書物にも類例がない。類例があるとすれば、原罪の教訓だけである。それによれば、すべての人間の自由意志はアダムゆえに失われたことになっている。ほかには比較の対象がないから原罪と比較するのであるが、そのような比較は世襲による王位継承に何の名誉ももたらさない。なぜ名誉にならないのか。人間は皆、アダムゆえに罪を背負い、最初に国王を選んだ人々ゆえに服従を受け入れた。前者ゆえに悪魔に屈し、後者ゆえに主権に屈した。私たちは前者ゆえに無垢を失い、後者ゆえに権力を失った。そしていずれ

(19)　ウィリアム征服王（William I, the Conqueror）（一〇二七頃～八七年）。ウィリアム一世としてノルマン朝を興す。もともとはフランス・セーヌ川流域のノルマンディー公国の君主（一〇三五～八七年）。一〇六六年、イングランド・ウェセックス家の王位継承に異を唱え、イングランドを攻略。同年十二月、ウェストミンスターでウィリアム一世として即位した。

(20)　サウル（Saul）。古代イスラエルの最初の王（紀元前十一世紀）。

の場合も、以前の状態や特権を取り戻すことはできないのである。以上の点にもとづくなら、原罪は世襲制と相似の関係にあるという結論が、反論の余地なく引き出される。これは不名誉な組み合わせである！　恥ずべき関係である！　だが、誰よりも巧みに詭弁を操る者ですら、これ以上に適切な譬《たと》えは思いつかない。

簒奪について言うと、これを弁護するほど軽はずみな者はいないだろう。しかもウィリアム征服王が簒奪者だったということは、反駁《はんばく》できない事実である。古い時代のイギリスの君主制が正視に堪えないということは、歴然としている。

だが人類の関心は、世襲制のばからしさよりもむしろその弊害のほうにある。もし世襲制により、人徳と英知をそなえた人々の系譜が保証されるのであれば、それは神聖な権威の印を帯びるであろう。しかし、おろかな者やよこしまな者、不道徳な者に門戸を開いている以上、世襲制は、どうしても圧制という本質を孕《はら》まないわけにはいかない。自分自身は支配者となるために生まれ、他の人々は服従するために生まれた――そう考える者は、やがて尊大になる。他の人間から一線を画して優遇されるので、その精神は早くからうぬぼれによって毒される。また、彼らの行動の舞台は社会全体といちじるしく異なっているので、社会の真の利害を知る機会に恵まれない。そして、いざ王位を継承する頃には、往々にして領土内で誰よりも無知で無能な人間に成り下がっているのである。

世襲による王位継承にまつわるもう一つの弊害は、未成年であっても、いや、幼少期にあっても王位に就けるという点にある。未成年者が王位に就いている間、国王の陰に隠れて行動する摂政たちには、信頼を裏切る機会や誘惑が絶えず待ち構えている。国王が老齢や病気のために衰弱して人生の最終段階を迎えるときも、同様の国家の不幸が起こる。いずれの場合も人民は、老人や幼児の知力の弱さにつけこむ悪人のえじきとなる。

これまで世襲制を擁護するために持ち出されてきた根拠のうち最も説得力があるのは、「世襲制のおかげで国民は内戦を回避できる」というものである。それは、もし真実なら重みがある。ところがこれは、過去に類例を見ないほど露骨な、人類に対する欺瞞である。イギリスの通史に照らせばそのような事実は否定される。ノルマン・コンクェスト以来、混乱したイギリスには三十人の国王と二人の幼君が君臨してきた。その間に起こった内戦と叛乱は、名誉革命を含めて、それぞれ八回と十九回にも及ぶ。したがって世襲制は、平和に役立つどころか平和を害し、平和を築くための基盤と見なされるものまでも破壊するのである。

ヨーク家とランカスター家との間で繰り広げられた王位継承の争い(21)によって、イギリスは長年にわたり流血の舞台となってきた。ヘンリー六世(22)とエドワード四世(23)の間では、小競り合いや包囲戦を別として、本格的な会戦が十二回おこなわれた。ヘンリーは二度エドワードの捕虜となった。エドワードのほうもヘンリーの捕虜になったことがある。そして、個人的な事がらだけが争いの原因になっている場合、戦争の帰趨《きすう》や国民の気分は変わりやすい。ヘンリーが意気揚々と牢獄から宮殿へ戻るのに対し、エドワードが宮殿から外国への逃亡を余儀なくされる場面もあった。しかし、不意に変わった気分はめったに長続きしない。逆にヘンリーのほうが王位を追われ、エドワードがその後継者として呼び戻されることもあった。議会は強い側につくのが常であった。

この抗争はヘンリー六世の治世に始まり、ヘンリー七世(24)の治世になって両家の統合を見るまでは、完全には終息しなかった。それは一四二二年から一四八九年までの六十七年間続いた。

要するに、君主制と王位継承がおこなわれると（個々の王国にとどまらず）世界が流血と灰燼《かいじん》にまみれるのである。これはまさに聖書が警告する統治形態であり、流血は避けようがない。

王がいかなる職務を果たしているのか調べてみると（王が何の職務も果たしていない国もある）、王は快楽を求めるでもなく、さりとて国民に利益をもたらすこともなく、のほほんと一生を終え、表舞台から去る。そして後継者も同じような無為の一生を繰り返すのである。絶対王政の国では、政治軍事両面の職務の全重責は、王が担ってい

(21) 薔薇戦争（一四五五～八五年）を指す。

(22) ヘンリー六世（Henry VI）（在位一四二二～六一年、一四七〇～七一年）。ランカスター家出身。生後満一歳を迎える前に即位。性格が柔弱だったこともあり、大貴族の権力闘争を抑えきれず薔薇戦争を招いた。自身もその犠牲になり、一四六一年に廃位された。一四七〇年に王位に返り咲いたが翌年捕らえられる。ロンドン塔で殺害されたと伝えられている。

(23) エドワード四世（Edward IV）（在位一四六一～七〇年、七一～八三年）。ヨーク公リチャードの長男。ヘンリー六世の廃位を受けて王位に就く。一四六九年、貴族の叛乱のためにオランダ亡命を余儀なくされ、一時的にヘンリー六世の復位を許したが、七一年王位を奪還した。

(24) ヘンリー七世（Henry VII）（在位一四八五～一五〇九年）。テューダー朝の祖。エドワード四世の娘エリザベスと結婚し、薔薇戦争に終止符を打った。封建貴族の勢力を抑え、イギリス絶対王政の基礎を固めた。

る。イスラエルの子孫は王を求める際、王が「私たちを裁き、陣頭に立って戦う」ことを願った。しかし、イギリスのように王が裁判官でもなく将帥でもない国の場合、王の職務が何なのかを知ろうとすると、頭を悩まさなければならない。

統治形態が共和制に近づくにつれて、王の職務はますます少なくなる。イギリスの統治形態にふさわしい名称を見いだすのはかなり難しい。サー・ウィリアム・メレディス[25]はそれを共和制と名づけているが、現状では名前倒れである。なぜなら王権がみずからの不健全な影響力を発揮し、すべての官職を意のままにすることによって庶民院（イギリスの政体における共和制的な要素）の権力を巧みに吸収し、その長所を侵食し、イギリスの統治形態をフランスやスペインの王政とほぼ同じようなものにしてしまうからだ。人々は名称を理解しないまま、それをめぐって相《あい》争っているだけである。なぜそう言えるのか。イギリス人が誇りにしているのは、君主制の要素ではなく、イギリスの政体がそなえている共和制の要素である。すなわち、庶民院を国民全体から選出する自由があるということだ。しかし共和制の長所がなくなれば、それに代わって屈従がおこなわれるのは分かりきっている。イギリスの政体が病んでいるのはなぜか。理由は一つしかない。君主制が共和制を毒し、王権が庶民院を牛耳っているからだ。

イギリスでは、国王は戦争を遂行し官職を分配するだけで、それ以外にはするべきことがほとんどない。ありていに言えば、国王は国民を窮乏化させ、国民の間に不和の種をまいているだけである。ひとりの人間が年八十万ポンドの報酬を受け取り、しかも崇拝されるのである。結構な仕事である。社会に対して正直なひとりの人間のほうが、神の目から見れば、これまで王冠を戴いた悪者を全員たばねたよりも尊いのであるが。

(25)　サー・ウィリアム・メレディス（Sir William Meredith）（一七二五〜九〇年）。イギリス庶民院議員（一七五四〜八〇年）。英政府の北アメリカ植民地政策を批判するホイッグ党ロッキンガム派に所属。

第三章　アメリカの現状を考察する

以下、私が示すのは単純な事実と平明な主張、そして常識である。読者にあらかじめお願いしたいことがある。第一に、固定観念や先入観を捨てて、理性と感情を働かせて自分で判断をくだしていただきたい。第二に、人間としての真の品性を身につけていただきたい。いや、保っていただきたい。第三に、現在のことにとどまらず未来にまで視野を大きく広げていただきたい。前置きは以上の点に尽きる。

これまでイギリスとアメリカとの闘争をテーマとして書かれた書物は、枚挙にいとまがない。あらゆる階層の人々が異なる動機から、さまざまな狙いを秘めて論争に乗り出した。しかし、すべて無駄骨折りであった。論争の期間は終わった。勝敗の決め手となるのは、最終手段としての武力である。武力の行使を決意したのは国王であった。大陸はその挑戦に応じたのである。

報道されているところによると故ペラム氏(1)（有能な閣僚であったが欠点がないわけで

はなかった）は、庶民院において氏の措置は一時しのぎにすぎないとの理由で攻撃されたとき、次のように答えた。「それとて私が生きているあいだは存続しましょう」。十三植民地が現在の抗争において、このような、運を天に任せた、気概のない考えをいだいているなら、子孫の世代は先祖の名を思い出すとき、嫌悪感を覚えないわけにはいかないだろう。

かつて、これほど価値のある大義に日の光があたったことはない。それは、都市や郡、邦、王国を単位とするのではなく、一個の大陸（居住可能な地球の陸地面積の、少なくとも八分の一相当）を単位とする事件なのである。それは一日、一年の問題ではない。一時代の問題ですらない。この抗争には事実上子孫も巻き込まれており、成り行きによっては何らかの影響が後の世にまで及ぶであろう。今こそ大陸の団結、信義、名誉の種子をまく秋《とき》である。今見られる些細な亀裂といえども、いわば樫の若木の柔

（1）ペラム（Henry Pelham）（一六九六～一七五四年）。イギリスの政治家。ホイッグ党所属。オーストリア継承戦争が北米植民地（カナダ）に波及、英仏間で軍事紛争が起こったときの首相。戦時経済に終止符を打つためにアーヘンの和約（一七四八年）に応じたが、「一時しのぎ」と批判された。

らかい樹皮に、針先で彫り込んだ名前のようなものである。その傷は樹木の生長にともなって大きくなる。子孫はそれを、字の大きさが頃合いになってから読むことになる。

　問題が議論から武力へゆだねられたことにより、政治の新たな時代が開け、新たな思考法が出現した。四月十九日[2]すなわち敵対行動の開始に先立つあらゆる計画や提案は、前の年のカレンダーのようなものである。それは当時こそ正しかったかもしれないが、今となっては過去のものとなって役に立たない。当時、植民地問題について双方の支持者が提起した案は、イギリスとの結びつきを維持するという同一のゴールに帰着するものであった。両派の唯一の相違点は、それを実行する方法にあった。一方は武力の行使を、他方は友好を提案した。だがこれまでのところ、前者は目的を果たせず、後者は勢力を失った。

　和解の利点については多くのことが論じられてきたが、それは楽しい夢と同じように消え失せ、われわれの状態は旧に復した。そうである以上、今や主戦論を検討するのが妥当である。また、イギリスとの結合を保ち従属を続けることによって十三植民地が現在こうむっている、そして将来にわたってこうむることになる多大の物質的な損失を、一部なりとも調べるべきである。イギリスとの既存の関係を吟味する際は、自然の原理や常識に照らすべきである。また、イギリスと訣別した場合に頼るべき相手や、従属を続ける場合に期待できる成果も見きわめる必要がある。

私は、ある人々が次のように主張するのを耳にしたことがある。「アメリカはイギリスとの結びつきのもとで従来の繁栄を享受してきた。それゆえに、将来の幸福に向けてもこの結びつきを必要としているし、そうすれば常に同じ成果が得られるだろう」。これ以上に甚《はなは》だしい臆説はない。そのようなことが言えるのであれば、「子どもはミルクを飲んで育ったのだから肉を食べるべきではない」とも主張できるし、「人生の最初の二十年間は次の二十年間の前例とすべきである」とも主張できる。しかしこの反論は、厳密に言うと手ぬるい。なぜか。率直に言えば、面倒を見てくれるヨーロッパの大国がなかったとしても、アメリカは同じように繁栄していただろう、いや、

（2）アメリカ独立戦争の発端となったレキシントン・コンコードの戦いを指す。一七七五年四月十九日、マサチューセッツのイギリス正規軍（約七百名）が、コンコードに集積された植民地側民兵の武器の破壊を目指したものの、途中レキシントンで、またコンコードからの帰途でも民兵の抵抗に遭って、約三百名の死傷者を出した。

恐らくは今よりはるかに繁栄していたに違いないからだ。アメリカを裕福にした貿易品目は生活必需品であり、ヨーロッパが食べることをやめない限り、その輸出市場はこれから先も確保されよう。

しかし、イギリスはこれまでアメリカを守ってきたではないか、と言う者もある。イギリスがアメリカの充実をもたらしたのは本当である。また、イギリスがみずから費用を負担すると同時にわれわれにも費用を負担させて大陸を守ってきたことも否定できない。そうだとすれば、同じ動機が働いていたら——つまり、貿易と支配権を守るためであれば——イギリスは、［非キリスト教国である］トルコの守りすら引き受けていたであろう。

嗚呼《ああ》！　私たちは長いあいだ、昔ながらの偏見を吹き込まれ、迷信のために多大の犠牲を払わされてきた。私たちはイギリスに保護してもらっていると自慢してきたが、その際に念頭から抜け落ちていたことがある。それは、イギリスは思いやりではなく打算を動機としている、ということである。また、イギリスは私たちを守るにあたり、アメリカのことを案じてアメリカの敵を防いでいるのではなく、自分のために自分の敵を防いでいるのだということである。イギリスと敵対する国は、イギリス以外のことでアメリカと対立したことがなくても、ほかならぬイギリスの利益がかかわるとなると、これから先いつまでもアメリカを敵に回すであろう。しかるにイギリスが対米支配権を放棄するか、あるいはアメリカが対英依存を断ち切るとしよう。その場合アメリカは、フランスおよびスペインとの間で平和を保つであろう。フランス、スペイン両国がイギリスと交戦状態にあったとしても、である。七年戦争(3)におけるハノーファー選帝侯領の苦境(4)は、イギリスとの結びつきに気をつけろと警鐘を鳴らしている。

最近議会で、次のような主張がおこなわれた。「十三植民地はその親にあたる国を介さないと相互関係が成立しない」。言い換えると、「ペンシルヴェニア、ジャージーその他の植民地はイギリスを介して初めて姉妹関係を取り結ぶ」ということである。

(3) 七年戦争(一七五六〜六三年)。オーストリア継承戦争での失地の回復を目指すオーストリアに対して、プロイセンが機先を制して開始した戦争。イギリスはプロイセン側についたので、オーストリアと協力関係にあったフランスとの間で、北米植民地をめぐって戦うことになった(フレンチ・インディアン戦争)。

(4) ドイツのハノーファー選帝侯領はイギリス(ハノーヴァー朝)と同君連合の関係にあったことがわざわいし、七年戦争中の一七五七年、フランス軍の侵攻をこうむった。

これは、［植民地相互間の］親密な関係を証明するには甚《はなは》だ迂遠《うえん》な方法である。しかしそれは、敵意（あるいは敵対関係と言うべきか）を証明するためであれば、手軽にして唯一確実な方法である。フランスやスペインは、アメリカ人としての私たちにとって、決して敵だったことはない。将来も敵にはなるまい。だが、私たちがイギリスの臣民であるならば、そうはいかないのだ。

だが、イギリスとアメリカは親子関係にあると主張する者もある。そうであるならば、イギリスの所業はなおさら恥さらしである。野獣ですら、自分の仔をむさぼり食いはしない。野蛮人ですら、自分の一族を相手に戦いを仕掛けることはない。したがって右の主張は、もしそれが本当であるならばかえってイギリスを非難することになる。だが親子関係という言い方は正しくない。いや、正しいのは一部分だけだ、と言うべきであろう。「親に相当する国」というフレーズは、国王やその取り巻きが策略として用いてきたのである。そこには、騙《だま》されやすい私たちの心の弱みに、不当な先入観をすり込もうとする下劣で陰険なもくろみが窺える。アメリカにとって親にあたる国は、イギリスではなくてヨーロッパである。アメリカという新世界は、これまで避難所となってヨーロッパ各地から、政治上、宗教上の自由を求めて迫害された人々を受け入れてきた。彼らはここに、母親の優しい抱擁を振りほどいて逃げ込んできたのではない。怪物の残酷さに耐えかねてやって来たのである。そして、最初の移民を故国から追いやったのと同じ圧制が、今も移民の子孫を押しひしいでいるのである。それはこれまでのところ、イギリスについての真実である。

この広大な地球上の一角にあって私たちは、三百六十マイル（イングランドの横幅）という限りある境界線を越え、それ以上の規模で友好を築く。私たちは、ヨーロッパの各キリスト教徒と同胞の関係にあると自負している。また、寛大さをみずから体現したと自負している。

私たちは世界を広く知るにつれて、地元が最高という固定観念から一歩一歩着実に脱却してゆく。それを目《ま》の当たりにすることは愉快なことである。イギリスのどこの町に生まれても、私たちはそれぞれいずれかの教区に所属させられる。当然のことながら、つき合う相手の大半は、同じ教区の仲間ということになる（多くの場合利害が一致するから）。そして、そのような仲間を隣人と呼んで他と区別する。自宅からわずか数マイルでも離れたところで仲間に出会うと、街路《ストリート》という偏狭な概念を捨てて、同じ町《タウン》の住民として挨拶する。郡《カウンティ》の境界を越えて旅行し、よその郡で仲間に出会えば、街路とか町といった小さな単位を忘れて、相手を同郷人すなわち同じ郡の住民と呼ぶ。しかし、外国旅行中にフランスやそれ以外のヨーロッパの国でつき合いをするときは、自分の認識する帰属先は「イギリス人」に拡大する。こうした類推を突き詰めると、アメリカを始め外国で出会うすべてのヨーロッパ人は、互いに同国人ということになる。なぜか。世界地図を眺めると、一国の地図であれば街路・町・郡が示してあるところに、イギリス・オランダ・ドイツ・スウェーデンなどの国が位置している。国単位の区分は実はあまりにも視野が狭く、大陸の精神とは相容れない。この地方［すなわちペンシルヴェニア］ですら、住民のうち三分の一はイギリス系ではない。だから私は、イギリスだけをアメリカの親と見なす物言いをしりぞける。それは根拠薄弱で、利己的で、偏狭で、不寛容な言い方である。

しかし私たちが全員イギリス系だったらどうなるのか。どうということはない。今やイギリスは公然の敵である。「敵」以外の名称や肩書きで呼ばれる資格はない。和解が私たちの義務だなどと言うとすれば、それは正真正銘の茶番である。イギリスの現王朝の初代国王（ウィリアム征服王）はフランス人であった。そしてイギリスの貴族の半分はフランス出身である。したがって、同じ論法に頼るなら、イギリスはフランスによって支配されるべきだ、ということになる。

　イギリスと十三植民地との協力についてはあれこれ喧伝《けんでん》されてきた。いわく、力を合わせれば世界制覇も狙える、と。しかし、それは単なる憶測である。戦争の帰趨は当てにならない。また、この謳《うた》い文句はそもそも無意味である。なぜなら、住民がイギリス軍支援のために大量流出するという事態は、行き先がアジア・アフリカ・ヨーロッパのいずれであろうとも、およそこの大陸の黙認するところではないからだ。

　それればかりではない。私たちは、世界を敵に回すなどという構想とは無縁である。私たちが想定しているのは貿易である。そして私たちが貿易によく励むなら、ヨーロッパ全体の平和と友好も確保されよう。なぜならアメリカを自由港にしておくことは、ヨーロッパ全体の利益にかなうからだ。貿易を続けていれば、これから先いつまでもアメリカの安全は守られる。また、アメリカは金も銀も産出しないので、侵入者に狙われることもない。

　私は、相手が対英和解論を熱烈に唱える連中であっても、異議を申し立てずにはいられない。アメリカがイギリスとの結びつきを保つことによって得られる利点を、一つでもいいから挙げてもらいたい、と。くどいようだが、得られる利点は皆無なのだ。

アメリカの穀物は、ヨーロッパのどこの市場でも言い値で売れる。他方、アメリカが輸入する商品は、〔どこの国の産品でも〕買い手を必要としているのだから、こちらとしては自分たちの望む国から買えばよい。

だが、イギリスとの結びつきによって私たちがこうむる損失や損害は計り知れない。人類全体に対する義務に照らしても、また私たち自身に対する義務に照らしても、対英協調は放棄すべきである。なぜならイギリスにわずかなりとも従属、依存していると、アメリカは結局ヨーロッパの戦争や紛争に直接巻き込まれることになるからである。また、私たちに対して友好的な国、私たちの怒りや不満を引き起こしていない国との関係を悪くするからである。ヨーロッパは私たちの貿易市場である。私たちはヨーロッパのいかなる国との間でも、その国だけを偏重するような関係は取り結ぶべきではない。ヨーロッパの紛争から身を遠ざけることは、アメリカの真の利益にかなっている。だがイギリスに依存し、同国の対外政策の重みを補うための道具にされている限り、そうはいかない。

ヨーロッパには王国が密集しているので、平和は長続きしない。そしてイギリスが他の強国との間で戦端を開くと、イギリスとの結びつきによりアメリカの貿易も壊滅状態に陥るのが常である。次の戦争は前回の戦争のようにはいかないかもしれない。事がうまく運ばなければ、対英和解論者も今度はイギリスとの訣別を望むようになろう。なぜならそのような場合は、中立政策を採用したほうが、軍艦を動員するよりも安全に身を守ることができるからだ。いずれにせよ、正しい議論、道理のある議論は例外なくイギリスからの分離を訴えている。犠牲者の血が、自然のうめきが、「訣別のときが来た」と声をあげている。神がイギリスとアメリカとの間に設けた地理的距離までもが、有力な自然の証拠となっている。それは、イギリスの対米支配が神の御《み》心《こころ》にかなうものではなかったということを裏づけている。アメリカ発見のタイミングは、分離論に重みを加えるし、アメリカに人間が住むようになった経緯も、分離論にはずみをつける。アメリカは、宗教改革に先立つ時期に発見された。慈悲深い神が、将来祖国から支援も安全も与えられずに迫害される人々を見越し、あらかじめ避難所を設けるつもりだったかのようである。

イギリスの対米支配は、遅かれ早かれ終焉《しゅうえん》を避けられない統治形態である。したがって思慮深い人々は、いわゆる「現体制」がはかないものでしかないことを痛いほど明確に確信しており、前途を見ても手放しで喜ぶことはできない。私たちが喜べないのは、自分たちが父祖の立場にあるからだ。イギリスの対米支配は十分な永続性を持たない、したがって、私たちが子孫に何か残そうとしても何も保証されない。私たちはそのことを知っているのである。誰の目にも明らかな理屈に従うならば、私たちは次の世代に借金を負わせようとしているのだから、そのような状況については手を打つ義務がある。さもないと私たちは子孫を利用することになる。それは、卑しくてあさましい行為である。私たちはおのれの義務の筋道を正しく知るために、自分たちの子孫に対する責任を引き受け、観測点を何年も先に設定して世の中をのぞくべきである。そうすれば、高みから将来を見通せるだろう。今の私たちは、若干の不安や固定観念にとらわれて目をふさがれているけれども。

必要もないのに他人の気分を害するようなことは、注意深く避けたいと思うが、和解論を信奉する人々は次に挙げる類型に属するのではないかと、ついつい考えたくなる。(一) 信頼に値しない利己的な人々。(二) 現実を直視することのできない弱い人々。(三) 偏見にとらわれて現実を直視しない人々。(四) ヨーロッパを過大評価する穏健な人々の一派。最後の集団は、浅はかな慎重さゆえに、他の三者を合わせた以上の不幸をアメリカにもたらすであろう。

多くの人々にとって、現在進行中の悲劇から遠く離れたところで生活できるのは幸運である。災厄はまだ間近には迫っていないので、アメリカ人の財産所有に常につきまとう不確実性は感じられない。だが、想像力を働かせてしばしの間ボストン(5)に足を運んでみよう。あの悲惨な現場は私たちにとって教訓となり、信頼できない大国との関係は永久に絶つべきであることを教えてくれる。あの不幸な都市の住民たちは、わずか数カ月前まで安穏で豊かな生活を営んでいたのだが、今では、市内に踏みとどまって餓死するか、落ちぶれて乞食になるか、いずれかの選択を迫られている。市内に残留すれば味方の砲火が怖いし、市外に脱出すれば不良兵士の略奪行為のえじきとなる。今のままでは、救出される見込みのない囚人のようなものである。救出作戦のために総攻撃をかければ、住民たちは両軍の猛威にさらされる。

(5)　レキシントン・コンコードの戦いの後、ボストン市に陣取るイギリス軍は、マサチューセッツを始めとする植民地の民兵によって包囲された。両者は小競り合いを経て一七七五年六月、ボストン郊外で衝突した（バンカーヒルの戦い）が、その後は膠着状態が続いた。七六年三月、植民地側が戦局の打開のために大砲を高台にすえ付けたところ、それを知ったイギリス軍はボストンから撤退、包囲戦は終わりを告げた。

おとなしい性格の人々は、イギリスの罪に対する見方がいささか甘い。まだ何とかなると楽観し、「まあいいじゃないか、いろいろあったけれど、また仲良くしよう」などと言い出しかねない。だが人間の情念や情緒を吟味してみるがよい。また、和解論の是非を自然の尺度に照らして考えてみるがよい。そしてその後で、教えてもらいたい。諸君の土地を戦禍でおおった国に対して、好意と敬意をもって接することができるか否かを。また、誠意をもって協力できるか否かを。すべて肯定できるならともかく、そうでないとすれば自分自身を欺いているだけのことである。また、逡巡することによって諸君の子孫を破滅に導いているだけのことである。好意も敬意も感じさせないイギリスとの間でこれから先も結びつきを保つならば、そのような結びつきはとってつけたような不自然なものとなろう。それはまた、その場しのぎの見込みにもとづいて形成されるので、最初の結びつきにも劣るものとなろう。しかし、それでもなお暴挙を大目に見ることができると言うのだろうか。それならお尋ねしたいものだ。諸君は、わが家を焼かれたことはあるだろうか。自分の所有物を目の前で破壊されたことはあるだろうか。妻や子に、寝床や日々の糧にも事欠く生活をさせているのだろうか。親や子を連中の手で亡き者にされ、立ち直ることのできない惨めな敗残者となったことはあるだろうか。そのような経験がない者には、そもそも経験者をあげつらうことはできない。しかし、そのような経験がありながら、それでも殺戮者と握手できるのであれば、夫、父親、友人、恋人の名に値しない。そして、この世の地位や肩書きがどうであれ、臆病な心、卑屈な精神の持ち主ということになる。

これは、問題をたきつけたり大げさに言ったりしているのではない。自然の理によって正当化される感情や情緒を基準にして問題を検討しているのである。情《じょう》がなければ、処世にともなう義理を果たすことも、人生の幸福を享受することもできない。私が憎悪をあらわにするのは、報復をあおり立てるためではない。私たちを、臆病な、死に至るまどろみから目覚めさせ、ある定められた目的を断固追求するよう仕向けるためである。アメリカがためらいや気後れに屈服しない限り、イギリスやヨーロッパにはアメリカを征服することはできない。この冬は――もしそれを有意義に過ごすなら――一時代にも匹敵しよう。だが、この冬を無為のうちに過ごしたり、あるいはおろそかにしたりすれば、大陸はおしなべて不幸に見舞われることになる。不作為のために受ける罰は、どれほど重くとも重すぎない。出自や職務、地位によって情状酌量されることはない。かくも貴重で有益な季節を犠牲にする場合には、このような代償を求められてもやむを得ない。

この大陸が外国の権力にいつまでも忍従していられると考えることは、理性に反する。万物をつかさどる宇宙の理法に反する。すべての歴史の教訓に反する。イギリスでは最も楽観的な人々ですら、そのような考えは持っていない。今となっては、わずか向こう一年間の安全を大陸に保障するプランですら、人知の限りを尽くしても立案不可能である。唯一の例外は分離案である。今や和解は、人を欺く夢である。英米間の結びつきは自然の摂理によって見捨てられた。さりとて人為には、自然の代役は務まらない。なぜなら、ミルトン(6)が賢明に表現しているように、「執念深い憎悪の傷がかくも深く食い込んでいるならば、真の和解は育まれない」からだ。

平和を求めるための穏健策はこれまで、どれもこれも効果がなかった。私たちの嘆願は一顧だにされず、却下されるのが常だった。これを見て私たちは、あることを確信するようになった。それは、嘆願を繰り返すことほど国王を増長させ、頑迷にするものはないということである。また、まさにこうした措置ほどヨーロッパ諸国の国王の絶対化に役立つものはない、ということである。デンマークやスウェーデン(7)をご覧いただきたい。このような次第であるので、武力攻撃のほかには役立つものはない。

是非ともお願いしたい、これを限りにイギリスから分離することを決断しようではないか。次の世代を、「英米は親子」という杜撰《ずさん》で愚にもつかないスローガンのもとで自滅に追い込むことのないようにしよう。

「連中は二度と今回のようなことは企てないだろう」と言うとすれば、根拠のない幻想である。私たちは印紙法[8]廃止のときもそう考えたが、一年か二年で幻想はついえた。そのような考えは、「一度敗れた国は二度と戦争を仕掛けてこない」と考えるのと同じようなものである。

---

(6)　ミルトン（John Milton）（一六〇八～七四年）。イギリスの詩人。主な作品に『失楽園』『闘士サムソン』。

(7)　デンマークでは、十七世紀後半のフレゼリク三世およびクリスチャン五世の時代に旧貴族を政治の舞台から追放し、絶対王政が成立した。スウェーデンでは、一七七一年に即位したグスタフ三世が翌七二年にクーデターによって議会から実権を奪い、親政を開始した。グスタフ三世は一七九〇年までに絶対王政を復活させ、啓蒙専制君主と呼ばれた。

(8)　印紙法（一七六五～六六年）。北アメリカ植民地のあらゆる印刷物に半ペニーから十ポンドまでのスタンプを押すことを義務づける法令。北アメリカに駐屯するイギリス軍の経費をまかなうのが目的であったが、植民地人の反英気運をあおることになり、施行の翌年廃止された。

統治の問題についても、イギリスはこの大陸を正当に取り扱うことができない。統治にともなう実務は、やがて厄介で複雑なものになる。したがって、私たちからかくも遠くにあって、しかも私たちのことについてかくも無知な国が、あえてそれを引き受けるとすれば、そこに生ずる不便さは受忍限度を超えるであろう。言い換えれば、私たちを征服できないとすれば統治もできるはずがない、ということである。報告や陳情書を持っていくのに毎度三千マイルか四千マイル帆走し、返事を受け取るのに四、五カ月待ち、返事が届くと、今度はそれを解釈するのに五、六カ月かかるなどという事態は、数年もすると、愚行か児戯《じぎ》に思えてくるであろう。それが適切だった時代もあるが、今はもうそれを打ち切るべき時である。

自衛する能力のない小さな島であれば、「イギリス」政府がその面倒を見るのは妥当である。しかし、ある大陸が永久にどこかの島に支配されると考えるなら、それは少々ばかげている。宇宙が惑星よりその衛星のほうを大きく作ったことは決してない。イギリスとアメリカは相互関係において、自然の普遍的秩序に反している。したがって両者は別々の国家体系に、すなわちイギリスはヨーロッパに、アメリカはアメリカ自身に属すべきである。それは明らかである。

私が分離独立論を唱えるのは、自意識過剰だからではない。また、分派を目指すとか遺恨を晴らすとかの動機に駆られているわけでもない。私はうそ偽りなく、断固として、良心に忠実に、次のように確信しているのである。分離、独立することはこの大陸の真の利益にかなっている。独立を欠いたのでは、いかなる方策も単なる弥縫《びほう》策にすぎない。それは永続的な幸福をもたらさない。それは、私たちの子孫を戦禍にゆだねるのに等しい。また、この大陸に地上の栄光を引き寄せるまであと一歩のところに迫っていながら尻込みするのに等しい。

これまでイギリスは、妥協を目指す気配を少しも見せたことがない。そうである以上、私たちは確信してよい。大陸が受け入れるのに値するような条件は満たされない、と。また、すでに流血や財宝によって払った犠牲を相殺《そうさい》するほどのものは得られない、と。

何かを争奪するのであれば、その標的は常に、争奪のために払う犠牲との間でそれなりに正しく釣り合っていなければならない。私たちが費やした数百万ポンドのことを考えると、ノース(9)に辞任してもらっても、いや、あの忌まわしい与党陣営に下野《げや》してもらっても引き合わない。貿易が［ボストン港の封鎖によって］一時的に停止されたのは不便なことであったが、不服申し立ての対象となっている法律が全廃されていれば、そうした不便も十分に報われていたであろう。しかし、大陸全体が武器を手に取らねばならないとしよう。また、男という男が全員兵士にならねばならないとしよう。そうだとすると、唾棄《だき》すべき一内閣だけを相手に闘うのは、ほとんど割に合わないことである。また、法律の廃止だけを目的として闘うのであれば、その代償は高い。高すぎる。もう一度言う。公正に評価するなら、バンカーヒル[10]のような代償を払うことは、法令を廃止するためであるならば（土地を守るためでも同じことだが）大いなる愚行である。私は常々、この大陸の独立は時間の問題だと考えてきた。近年の急速な成長ぶりを考え合わせると、それはそう遠い将来のことであるはずがない。そのような次第であるので、交戦状態が勃発した直後、真剣に取り組まない限り最終的解決に時間がかかる問題をめぐって、あれこれ論争したのは無益であった。別の言い方をするならば、賃貸期間が満了する借家人を立ち退《の》かせようと訴訟を起こし、判決が出るまでの長い期間に物件を劣化させてしまうのと同じことである。運命の一七七五年四月十九日［レキシントン・コンコードの戦い］より前、私ほど熱心な和解論者はいなかった。しかし、あの日の出来事を知ったとき私は、酷薄な、人を寄せつけないイギリス国王を永久に見限った。「人民の父」を自称する卑劣漢には義憤を禁じ得ない。なにしろ人民が虐殺されたとの報を冷酷に聞き流し、おのれの魂に人民の血しぶきを浴びても安らかに眠ることができるのだから。

しかし、今紛争が落着したとすれば、その結末はどうなるのか。お答えしよう、それは大陸の破滅であると。しかもその根拠は一つや二つではない。

第一に、国王は依然として統治権力を手中に握っているのだから、この大陸の法制全体に対して拒否権を保持するであろう。しかも、あのような自由の宿敵としてみずからの正体をさらけ出し、恣意的な権力に対する渇望をあらわにしてきたのだ。大陸の植民地に対して「朕《ちん》の欲する法律を除いていかなる法律も制定してはならぬ」と発言するのにふさわしい人物がいるとすれば、それはイギリス国王ではないのか。そし

(9) ノース (Frederick North)（一七三二～九二年)。イギリスの政治家。首相の在任中（一七七〇～八二年)、北アメリカ植民地の動揺を抑えることができず、アメリカ独立（一七七六年）を許した。

(10) ボストン郊外の丘。一七七五年六月、独立戦争最初の大規模な戦闘が起こった場所。アメリカ側の死傷者が四百人あまりだったのに対し、イギリス軍は千二百人以上の死傷者を出した。

て、いやしくもアメリカの住民であるならば誰しも知っているとおり、いわゆる現行法体系《コンスティテューション》によりこの大陸は、国王が許可する法律でなければいかなる法律も制定できないのである。また、どれほど愚鈍な男であってても理解できることであるが、（これまで起こったことを念頭に置くなら）国王はアメリカにおいて、自分の目的に合致する法律でなければいかなる法律の制定も許容しない。私たちが事実上奴隷にされているのは無理もないことだ。アメリカが法律を欠いているのがいけないのである。それは、私たちを標的にしてイギリスで制定された法律に私たちが服従するのと同じほど罪が重い。紛争が（俗な言い方をするなら）丸く収まった後は、疑いなく国王の全権力が発動されよう。それは、この大陸をできるだけ低い、卑しい立場にとどめておくためである。私たちは前進するどころか後退し、絶え間なく口論を続け、嘆願をばかばかしいほど繰り返すことになろう。私たちはすでに国王の望みを超えるほど強大である。だとすれば、国王は今後、私たちを弱体化するために力を尽くすに決まっている。端的に言おう。私たちの繁栄をねたんでいる権力が、私たちを統治するのにふさわしい権力になり得るであろうか。この問いかけに「否《いな》！」と答える者は例外なく独立派である。ちなみに、「独立派」の意味は明白で、次の点が分岐点となる。私たちは今後、自分たち自身の法律を制定するのか。それとも、大陸にとって不倶戴天《ふぐたいてん》の敵である（そして、今後もその恐れのある）国王に、「朕の欲する以外の法律は持たせない」と言わせておくのか。

だが諸君は次のように言うだろう。国王はイギリスにおいても拒否権を持っており、イギリス国民は国王の同意がなければ法律の制定を許されない――。正常で健全な秩序に照らすなら、弱冠二十一歳の国王(11)（過去に多数の実例あり）が、年長の、思慮分別のある数百万人の人民にむかって、朕は汝らのかくかくしかじかの法案を法律にすることを禁ずる、と命令するのは甚《はなは》だ滑稽なことである。しかし、イギリス王政のばかばかしさを暴露するのを断念する気はないけれども、ここではこの種の反論は差し控え、ただ以下のとおりに答えるにとどめよう。イギリスは国王の居住地であるが、アメリカはそうではない、ゆえに事情はまったく異なる。アメリカにおける国王の拒

(11)　暗にジョージ三世を指しているものと思われるが、ジョージ三世は即位したとき満二十二歳。また、それまで「二十一歳の国王」はヘンリー八世（在位一五〇九～四七年）以来、絶えて例がなかった。

否権は、イギリスにおける拒否権の十倍も危険で致命的である。なぜなら国王は、イギリスの国防体制を最大限に強化する案であればたいていは承認するが、アメリカではそれと似たような法案の通過を決して容認しないからである。

アメリカは、イギリスの政治体制においては従属的な客体にすぎない。イギリスはアメリカの利益に配慮するが、それはおのれの目的に合致する限りにおいてである。

したがってイギリスは、自国の利益の増進に役立たない問題、あるいは自国の利益にいささかでも抵触《ていしょく》する問題に直面すると、常に自身の利益を優先し、アメリカの利益の増進を抑圧する。そうでなければ、その問題への介入をできるだけ避けようとする。今発生している出来事を念頭に置くならば、このような間接統治に甘んじていた場合私たちは、やがて法外な状況に陥るはずである！　名前を変えたからといって、敵だった人物が味方になることはない。今唱えられている和解論が危険な言説であることを示すために、私は次のように断言する。イギリスでは、植民地の支配権を取り戻すために、今度は、現行の法律を無効にすることが国王の政策となるだろう。それは、強制力や暴力に頼っても短時日のうちには実現できないものを、奸智《かんち》と策謀によって長年月《ちょうねんげつ》をかけて達成するためである。和解と破滅は一体の関係にある、ということだ。

第二に、イギリスとの間で成立する関係は、どれほど楽観的に予想してもせいぜい一時の便法《べんぽう》にとどまり、一種の後見政治にしかならないだろう。それは、植民地が成年に達するまでしか続くまい。したがって、過渡期の物事の様相や状態はおしなべて不確かで、先が暗い。財産を持った移民であれば、わざわざ剣呑《けんのん》な国を選んでやって来はしない。なにしろそこは、統治の骨組みが末期的な状態にあるため、連日、暴動や騒乱に至る寸前で動揺しているのだから。また現在の住民のうち、政情が小康状態になったときをとらえて家財を処分し、大陸から去って行く者も少なくなかろう。

しかし、あらゆる議論のうち最有力のものはこうである。大陸の平和を保ち、内乱を防止するためには、独立するほかはない。すなわち、大陸がみずからを統治する形態を選ぶほかはない――。今イギリスと和解すると、行く末が案ぜられる。なぜなら、和解した後あちこちで内乱が発生し、その結末がイギリスの悪政全体よりもはるかに重大なものになることは、この上なく確実だからである。

イギリスの蛮行により零落した人々はすでに数千人に及ぶ（恐らく、さらに数千の人々が同じ運命に見舞われるであろう）。これらの人々は、被害に遭ったことのない私たちとは異なる感情をいだいているだろう。今彼らが所有しているものは「自由」だけである。以前所有していたものは、「自由」のためにささげたのである。それ以上失うものがないので、彼らは服従を潔しとしない。そもそも、イギリスの支配に対するアメリカ植民地の一般的な感情は、年季奉公をようやく終えようとしている青年の気持ちに似たものになろう。すなわち、彼らがこの先イギリスに気を遣うことはない、ということだ。それはさておき、平和を維持できない政府はもはや政府ではない。そうなると、税金を払ったところでドブに捨てるようなものだ。そうだとすると、机上の権力しか持たないイギリスは、和解したまさにその翌日に内乱が起こった場合、何ができるだろうか。次のように述べる人々がいる（そのうち大半の人々は思いつきでしゃべっているのだと思う）。「独立は、内乱を引き起こしかねないから恐ろしい」。人間の思いつきというものが本当に正しいかというと、そのようなケースは稀である。この場合もそう言える。なぜなら独立よりも、とりつくろった結びつきのほうが十倍も恐ろしいからである。私は被害者の身になって次のように抗議する。もし自分がわが家、わが故郷から追い出され、家財を破壊され、暮らしを台なしにされたとしたら、そうした被害を思い知らされた人間として、和解論を受け入れることはできない。また、和解論に与《くみ》する義務があるとも考えない――。

アメリカ植民地は、健全な秩序を守り、［大陸会議による］アメリカ大陸の舵取りに従うという点で、これまで十分前向きな姿勢を示してきた。その点については、道理の分かる人間であれば誰もが安心し、満足しているほどだ。いかなる根拠を持ち出しても、憂慮しなければならない理由を挙げることはできない。もっとも、十三植民地が互いに優位を求めて内紛を起こすだろうという、文字どおり子どもじみた滑稽な予想を根拠にするのであれば、話は別だが。

差別のないところに優劣は存在しない。完全に平等であれば誘惑に駆られることはない。ヨーロッパの共和国はいずれも（恒常的にと言っても差し支えないが）平和である。オランダやスイスは戦争や内乱とは無縁である。だが君主制のもとでは平和は長続きしない。それは真実である。国内では、王位そのものが誘惑の魔手となって、冒険的な悪党どもをそそのかす。また、国王の権威に常につきまとう自意識や威圧的態度が度を越したものになるので、他の強国との関係を決裂させることになる。同様のケースであっても、共和制の政府であれば（その仕組みが自然な原理にもとづいているので）誤解を招かないように振る舞えるのだが。

もし独立に関して正真正銘の不安の種があるならば、それは、いかなる見取り図もまだでき上がっていないというところにある。人々には解決策が見えないのである。そこで、独立という事業に向かって一歩踏み出すにあたり、以下に示す案を提起させていただきたい。それに際して慎み深く前置きしておくが、私は自分の案について、もっと優れた代替案を引き出すためのたたき台になるかもしれないと考えているだけであって、それ以外の自己評価はくだしていない。個々人の不揃いな考えを整理できれば、それはしばしば、英知と能力に恵まれた人々に材料を提供することになる。彼らはそれに磨きをかけて、もっと有用なものに仕上げるというわけである。

まず、［十三植民地ごとに設けられる］議会《アセンブリ》を年に一度招集する。議長を一名置く。有権者数に対する議員数の割合をもっとそろえる。議員団はもっぱら域内の仕事に専念し、大陸会議《コングレス》の権限に服するものとする。

次に、［十三の］植民地のそれぞれを便宜的に六ないし八あるいは十の地区に分け、各地区から大陸会議に、それぞれに定められた数の代議員を送る。その際、各植民地は少なくとも三十人の代議員によって代表されるものとする。したがって、大陸会議の代議員総数は少なくとも三百九十人になる。大陸会議が開かれるごとに、以下の手順で議長を選出するものとする。代議員が招集されると、十三の植民地全体から抽選で一つの植民地を選び、次いで、その植民地の代議員の中から大陸会議が（投票によって）議長を選出する。その次に開かれる［すなわち、翌年の］大陸会議では、前回議長を出した植民地を除き、十二の植民地だけを母体として、その中から抽選で一つの植民地を選ぶ。そしてこのような手続きを繰り返し、最終的には十三の各植民地がもれなく、それぞれに回ってくる務めを果たす。なお、法案の成立には、大陸会議の［過半数ではなく］五分の三以上の賛成を要するものとする。こうしておけば、十分に公正な法案だけが法律として採択されるであろう。これほど平等な構成をそなえた政府のもとで、あえて不和をあおる者があるだろうか。あるとすれば、それは、魔王《サタン》と手を組む叛逆者であろう。

しかし、ここには独特の、扱いの難しさがある。それは、この事業を誰がどのようなやり方で発進させるのかという問題である。これについては、統治される側と統治する側、すなわち大陸会議と人民の間に位置する中間的な団体がそうした役割を負うことにすれば、同意が得られやすいし、筋も通っている。そこで、大陸集会《コンファレンス》を開催することにするのである。開催の要領および目的は次のとおりとする。

まず、大陸集会を構成するのは、大陸会議の代議員二十六名（すなわち、各植民地×二名）から成る委員会。それに加えて、それぞれの植民地の議会（アセンブリまたはプロヴィンシャル・コンヴェンション[12]）から送り出される各二名。さらに、［植民地ごとの］人民全体の代表者五名。この五名は出身母体全体の利益を図るために代表者として、植民地の首都において選出される。票を投ずるのは、右の目的に照らして資格があると思われるできるだけ多くの有権者である。それら有権者は各植民地の全域から迎えられる。もっとも、各植民地で最も人口の多い二ないし三の都市で選挙を実施するほうが好都合であるならば、そのようにしても差し支えない。こうして招集された大陸集会《コンファレンス》においては、知識と権力という、事業を推進するための二大原理が結合される。大陸会議や植民地議会（アセンブリまたはコンヴェンション）の構成員は、国家経営の経験を積むことによって有能かつ有益な助言者となる。そして、この合議体のシステム全体は人民によって権能を与えられているので、真に合法的な権能を持つことになる。

大陸集会が招集されると、以下のことが構成員の仕事となる。大陸憲章すなわち植民地連合憲章（イギリスのいわゆるマグナ・カルタに相当するもの）を制定すること。

大陸会議や植民地議会の議員の定数や選出方法、任期を定めること。また、大陸会議と植民地議会の職務や権限を区分すること（その際、私たちの力の源泉は大陸にあるのであって、地域にあるのではないということが前提になる）。すべての人々に自由と財産を保障し、中でも特に、良心の命ずるとおりに信仰する自由を保障すること。憲章に、明記すべきその他の事項を加えること。これが終わると大陸集会はただちに解散する。そして、憲章にしたがって選出される機関が当面、大陸の立法者にして統治者となるのである。願わくは、彼らの平和と幸福に神のご加護があらんことを、アーメン。

今後これと同じか、または似たような目的のために、何らかの合議体が「人民の」代表の役割を担うことになる。その構成員諸氏に、博識な政治評論家ドラゴネッティ氏(13)の著作の一部を抜粋して献じよう。いわく、「政治家の技量は、自由と幸福の真の眼目がどこにあるのかを見定めるところにある。国の出費を最少に抑えつつ個人の幸

（12）十三植民地のそれぞれの議会（下院）は、正式名称はまちまちであったが、一般的にアセンブリと呼ばれていた。急進化したアセンブリが植民地総督によって活動停止または解散に追い込まれると、愛国派はアセンブリに代わる自前の議会としてプロヴィンシャル・コンヴェンション（Provincial Convention）を招集した。

福の総和を最大にする統治様式を見出すなら、後世の人々から感謝を受けるに値する」。

だが、次のように問う者があるかもしれない。「アメリカの国王はどこにいるのか」。友よ、言っておこう。王は天上に君臨し、イギリスのやんごとなき野獣とは異なり、人間の生活を破壊することはない。しかし、私たちが現世の儀礼すら欠いているかのように誤解されては困るので、特定の日を憲章発布の日として厳粛に定めよう。また、憲章は、神の法ともいうべき聖書をよりどころにして発布することにしよう。そして、憲章には王冠を授けることにしよう。そうすれば世界は知るであろう。私たちは私たちなりに君主制を体現しており、アメリカでは法こそが君主なのだということを。私が言いたいのは、絶対王政において国王が法と化すのと同じように、自由諸国では法が――厳密に言えば法のみが――国王になるべきだ、ということである。しかし王冠は、後で悪用されるといけないので、戴冠式が終わったら粉々に打ち砕き、人民の間にばらまくことにしよう。これは人民の権利である。

私たち自身を統治することは、私たちの保有する自然権である。したがって、浮世の移ろいやすさを真剣に考えるならば、次のことが確信されよう。すなわち、冷静かつ慎重なやり方でおのれの憲法を制定できるならば、今のうちにそうしたほうがはるかに賢明かつ無難である。このように重要な問題を時と偶然に任せてしまうのは得策ではない。憲法制定を怠るならば、今後マサニエッロ*のような人物が出現して民心の動揺に乗じ、無法者や不満分子を糾合《きゅうごう》するかもしれない。そして、政府の権力を奪い取り、ついには大陸の自由を洪水さながらに一掃してしまうかもしれない。万が一アメリカの統治権がふたたびイギリスの手に帰するならば、命知らずの山師の中には、不安定な時局に刺激されて運試しに走る者も出てくるだろう。そのような場合イギリスはどのような救援を買って出るだろうか。知らせがイギリスに届く前に、「こちらは」一巻の終わりになるかもしれない。そうなると私たち自身は辛酸をなめることになろう。ウィリアム征服王の圧制のもとに置かれた惨めなイングランド人と同じである。今独立に反対している諸君よ、諸君は自分たちのしていることが分かっていない。諸君は権力の座を空けたままにすることによって、永遠の専制に門戸を開こうとしているのだ。苛酷で非道な強国を大陸から放逐することが誉れだと考える人々が何千何

(13)　ドラゴネッティ（Giacinto Dragonetti）（一七三八〜一八一八年）。ナポリの経済学者。主著に『美徳と褒賞』（一七六六年）。

万もいるのは、その国がインディアンや黒人をけしかけて私たちを滅ぼそうとしているからだ。その酷薄ぶりには二重の罪がある。私たちに対しては粗暴にふるまい、インディアンや黒人に対しては裏切りを働いているのである。

＊原註　マサニエッロ（Masanielloは通称で、正式にはTommaso Aniello）［一六二〇？～四七年］。スペイン統治下のナポリ［のパレルモ］の漁師。公設市場で、スペイン人によるナポリ支配に終止符を打とうと、地元民を煽動し、決起を促した。一日だけナポリ王となった。

イギリスは、理性に照らせば信頼できない。好意をことごとく踏みつけにされた経験からすれば、憎むべき相手である。そのような国との友好を論じるのか。それは狂気の沙汰である。また、愚行でもある。英米間にかろうじて残る結びつきは、日に日に摩滅しつつある。関係が終焉に近づくにつれて好意が増すなどと、どうして期待できようか。また、論争の対象となる懸案事項が今までの十倍も増大、深刻化しているときに、合意が容易になるなどと、どうして期待できようか。

協調や和解を説く諸君よ。諸君の力を借りれば、私たちは過ぎ去った時間を取り戻せるのか。諸君はまた、売春の経験者にそれ以前の純潔を取り戻してやれるのか。英米を和解させることは、それと同じように不可能である。今や最後の一線を越え、イギリス国民は反米的な言辞を弄《ろう》している。造物主にとって許しがたい侮辱がおこなわれている。造物主がそれを大目に見るなら、もはや造物主ではなくなる。大陸がイギリスという殺人犯を許すなら、恋人を陵辱された男も犯人を許せるだろう。全能の神のはからいで私たちは、善や知を目標とする止みがたい心の働きをそなえている。そのおかげで、私たちの心の中にある、神の形につくられた人間が守られているのである。私たちが動物一般から区別されるのは、そうした心の働きがあるからだ。もし私たちがそうした心中《しんちゅう》のかすかな声に耳を傾けないとすれば、社会契約は解消され、正義は地球上から消滅するか、さもなければ時々思い出したように姿をのぞかせるだけになるだろう。私たちが危害を加えられても辛抱づよく耐え、正義の行動を起こすこともなく手をこまねいていると、強盗や殺人者は往々にして罰せられることなく逃亡してしまう。

人類を愛する諸君！　暴政と暴君に対抗する勇気を持つ諸君よ、敢然と立ち向かえ！　旧世界では各地が圧制によって蹂躙《じゅうりん》されている。自由は世界中で追いつめられている。アジアやアフリカは、自由を放逐《ほうちく》してから久しい。ヨーロッパは自由をよそ者のように見なし、イギリスは自由に対して立ち退きを通告した。さあ、亡命者を受け入れよ！　そして、手遅れにならないうちに、人類のための避難所を設けるのだ。

第四章　アメリカの現在の能力について
併せて、若干の雑駁な考察結果について

イギリスでもアメリカでも、私が出会った人の中で、英米がいつかは別れるだろうと言わなかった人はいない。そうした意見の表明にあたっては、アメリカのいわゆる成熟度ないし独立の妥当性について熱弁をふるうときと同様に、健全な判断力が大いに発揮されるのが常であった。

独立という方策が大方の賛同を得ており、行動を起こすタイミングにしか意見の相違がないのだから、失敗を避けるために情勢を概観し、できれば最適のタイミングを見出すべく努めようではないか。しかし、私が深入りするまでもなく、吟味はたちどころに終わる。というのも、好機はすでに到来しているからだ。［独立に向けて］ありとあらゆることがアメリカ中で同時に発生し、しかも見事に互いに結びついているということが、この事実を証明している。

私たちの偉大な力の源泉は、［兵員の］数ではなく団結にある。しかし現在の数でも、全世界の武力を撃退するのに十分である。大陸は今や、武装と訓練が行き届いた世界最大の軍隊を保有していて、その兵力はまさしく高度な水準に到達した。個別に自衛できる植民地は一つもないものの、十三植民地全体が団結すればいかなることもやってのけられるほどである。陸上兵力は十二分にそなわっている。海上兵力について言うとイギリスは、大陸を手中に収めている限りアメリカに艦艇の建造を許さない。そのことは認識しないわけにはいかない。したがって、百年後もこの部門での前進は見られないであろう。いや、現在よりも退歩しているかもしれない。それが真実である。なぜならアメリカでは、材木用の森林が日に日に減少しつつあり、最後には、はるか奥地にまで行かないと伐採ができなくなるからだ。

もし大陸の人口が多過ぎたら、現在の苦境のもとでなめさせられる苦痛は、耐えがたいものになっていたであろう。港町が多ければ多いほど、守るべきものも失うものも多くなるからだ。だが、私たちの現在の人口は必要な物資との間でうまい具合にバランスがとれており、失業者を出す必要はない。貿易が縮小すれば入隊する者が多くなるが、軍隊の必需品がふえて新たな貿易を生み出す。

私たちには何の借金もない。したがって、私たちが独立のために背負う負債は何であれ、私たちの美徳の輝かしい記念碑となろう。もし遺産として恒久的な統治形態が、言い換えるなら子孫自身のための独立した政体が子孫の手に残るのであれば、それをあがなうのにどれほどの代価を払っても高すぎるということはない。しかし、ただ単に若干の悪法を廃止に追い込み、現内閣を打倒するために何百万ポンドも費やすのは割に合わない。またそれは、子孫にとって酷薄きわまりない仕打ちとなる。なぜならば、そのようなことをすれば子孫は、やり残した仕事を山ほど押しつけられ、何の得にもならない負債を背負わされるからだ。そのような近視眼的発想は、了見の狭い人間や、けち臭い政治家の紛れもない特徴であって、信義を重んじる人間にはふさわしくない。

事業さえ成就すればいいのであって、負債が生じるかどうかは気にするには及ばない。いかなる国も負債がないはずはない。国の負債は、国を束縛する手かせではあるが、金利がかからなければ怨嗟《えんさ》の声を招くことはない。イギリスは一億四千万ポンド以上の負債に押しひしがれており、そのために四百万ポンド以上の利息を支払っている。そしてこの負債を背負う見返りとして、大規模な海軍を維持しているのである。

アメリカは、負債も海軍もない。しかし、イギリスが国として抱えている負債の二十分の一を覚悟すれば、イギリスの二倍規模の海軍が保有できる。イギリス海軍の評価額は現在、せいぜい三百五十万ポンド相当なのである。

この小冊子の初版および第二版は、次に掲げる一覧表なしで出版された。ここではそれを掲載して、イギリス海軍に関して右に述べた試算が正しいことを証明するための一助とする。エンティック著(1)『新海軍史』序説の五十六ページを参照されたい。

海軍本部書記官長バーチェット氏(2)の計算によれば各級艦船の建造費に、マスト・帆桁《げた》・帆《ほ》・索具《さくぐ》をそなえつけるのにかかる費用と、掌帆長《しょうはん》(3)および営繕長《えいぜん》(4)が管理する八カ月分の貯蔵物資の費用とを加えると、合計以下のとおりになる。

火砲一〇〇門搭載艦一隻あたり	三五、五五三ポンド
九〇門搭載艦	二九、八八六ポンド
八〇門搭載艦	二三、六三八ポンド
七〇門搭載艦	一七、七八五ポンド

六〇門搭載艦　一四、一九七ポンド
五〇門搭載艦　一〇、六〇六ポンド
四〇門搭載艦　七、五五八ポンド
三〇門搭載艦　五、八四六ポンド
二〇門搭載艦　三、七一〇ポンド

以上の数字をもとに、イギリスの全海軍の評価額（むしろ、初期費用と言うべきであろう）を算定することは容易である。イギリス海軍は栄光の絶頂にあった一七五七年、

(1) エンティック（John Entick）（一七〇三〜七三年）。イギリスの著述家。政府に批判的な『ザ・モニター』紙などに寄稿。著書に『新海軍史』*A New Naval History*（一七五七年）。
(2) バーチェット（Josiah Burchett）（一六六六頃〜一七四六年）。一六九四年から一七四二年まで、イギリス海軍本部の書記官長（事務次官に相当）を務める。海軍本部の資料を用いて、一七二〇年、イギリス海軍の通史を著した。ホイッグ党所属の政治家で庶民院議員（一七〇五〜四一年）。
(3) 水兵の操帆や甲板作業を監督する准士官。
(4) 艦内の補修作業の責任者。准士官待遇。

以下の艦船および火砲で構成されていた。

艦船数	搭載火砲数	一隻あたりの費用	費用小計
六隻	一〇〇門	三五、五五三ポンド	二一三、三一八ポンド
一二隻	九〇門	二九、八八六ポンド	三五八、六三二ポンド
一二隻	八〇門	二三、六三八ポンド	二八三、六五六ポンド
四三隻	七〇門	一七、七八五ポンド	七六四、七五五ポンド
三五隻	六〇門	一四、一九七ポンド	四九六、八九五ポンド
四〇隻	五〇門	一〇、六〇六ポンド	四二四、二四〇ポンド
四五隻	四〇門	七、五五八ポンド	三四〇、一一〇ポンド
五八隻	二〇門	三、七一〇ポンド	二一五、一八〇ポンド
八五隻(スループ帆船[5]、臼砲搭載帆船、焼き打ち船)平均二、〇〇〇ポンド			一七〇、〇〇〇ポンド
		合計	三、二六六、七八六ポンド
		予備の火砲	二三三、二一四ポンド

総計　　三、五〇〇、〇〇〇ポンド

世界中の国でアメリカほど恵まれた国はない。すなわち、資材を他国に頼らずに艦隊を建造できるのはアメリカだけだ、ということである。タール、木材、鉄、索具はアメリカの特産品である。海外で調達しなければいけない資材はない。オランダはスペインやポルトガルに軍艦を貸し出して莫大な利益をあげているが、建造に使う資材は輸入しなければならない。艦隊の建造はいわばアメリカの天職であって、私たちはそれを貿易品目と見なすべきである。これ以上に優良な投資先はない。海軍は完成後、初期費用を上回る価値を持ち、貿易・国防政策を一体化する要《かなめ》となる。艦隊を建造しようではないか。艦隊は、保有する必要がなくなれば売却できる。そうすれば、私たちの紙幣(6)を金貨や銀貨に兌換《だかん》することも可能になる。

艦隊の乗組員について、一般の人々は大きな誤解に陥っている。全体の四分の一が水夫である必要はない。私掠船《しりゃくせん》(7)テリブル号のデス船長は先の戦争で、いかなる軍艦

(5)　マストは一本で、甲板に十門ないし二十門の大砲を搭載する小型帆走軍艦。

も経験したことのないような激烈な戦いに挑んだが、乗り組み定員二百人以上のところ、水夫は二十人も乗り組ませていなかった。有能で面倒見のよい水夫数人が意欲的な見習い水夫を相手に教えれば、短期間のうちに日常的な船の仕事を身につける者は、十分な人数に達するであろう。したがって、今以上に艦隊建設に取りかかりやすい時はない。なにしろ現在のところ、アメリカには木材供給源の森林があり、漁業を封じられたために水夫や船大工は失業しているのだから。四十年前ニューイングランドで、大砲七十門の軍艦と八十門の軍艦がそれぞれ建造された。私たちは今も同じことができるはずだ。造船はアメリカ最大の誇りである。アメリカは造船においてやがて世界の先頭に立つだろう。アジアの大帝国はたいてい内陸国である。したがって、アメリカと競合する可能性はない。アフリカは野蛮な状態にある。ヨーロッパの大国でアメリカと同じように長い海岸線を持ち、国内で資材をまかなえる国はない。どちらか一方の条件に恵まれている場合、残る一方の条件には恵まれていない。しかし自然は、アメリカにだけは両方の条件を与えたのである。広大なロシア帝国はほとんど海から締め出されている。したがって、ロシアの無限の森林やタール、鉄、索具は、ロシアにとって輸出品目にしかならない。

安全という観点から見た場合、私たちは艦隊なしで済まされるだろうか。私たちは六十年前のように貧しくはない。当時は、財産を路上に（正確には野原に）置いたままにしても差し支えなかった。また、ドアや窓に錠やかんぬきをかけなくとも安心して眠れた。今や事情が変わった。私たちの防衛体制は、資産の増加にともなって改善されるべきである。一年前、名うての海賊がデラウェア川をさかのぼり、ぬけぬけとフィラデルフィア市を制圧し、税金を思う存分取り立てた。各地で同じことがまかり通った。いや、それどころか、向こう見ずな連中がわがもの顔で、十四門ないし十六門の大砲をそなえたブリッグ帆船[8]に乗って大陸全体を荒らし回り、五十万ポンドの大金を持ち去るという事件もあった。これは見逃せない事態であり、海軍による護衛の必要性を示している。

（6）「私たちの紙幣」とは、大陸紙幣（Continental）と呼ばれる不換紙幣を指す。一七七五年から発行され始めた。独立戦争の戦費の増大にともなって乱発され、一七七九年末にはほとんど価値がなくなった。
（7）戦時に敵国の船を武力攻撃し戦利品として拿捕することを公的に許可されている民間船。
（8）マスト二本の小型帆走軍艦。

恐らく、イギリスと和解すれば助けてもらえると主張する人々もいよう。だが彼らは、イギリスが和解を目的としてアメリカの港湾に海軍を常駐させるだろうとでも言うのだろうか。それほど浅はかなのだろうか。常識を働かせれば明らかなことだが、私たちを屈服させようとしてきた国ほど、私たちを守るのに不向きな国はない。征服は、友好を装っておこなわれるかもしれない。そして私たちは、長期にわたり勇敢に抵抗したあげく、欺かれて奴隷にされるかもしれない。また、「和解を前提としつつ」イギリスの軍艦の入港を認めないという案については、お尋ねしたいが、その場合、イギリスは一体どのようにして私たちを守るのだろうか。三、四千マイルも離れたところにいる海軍では、あまり役に立ちそうにないし、まして緊急事態となればまったく役に立たないであろう。そうなると、以下の疑問が生ずる。今後身を守る必要があるならば、どうして自力でやらないのか。どうして他人の力を借りるのか。

イギリスの軍艦のリストは長大で威圧的だが、出動可能な軍艦は全体の十分の一にも達しない。実在しない軍艦も多いが、デッキの板が一枚でも残っていれば、その軍艦の名前は麗々しくリストに残されているのである。一度にどこかの基地に投入できる軍艦は、出動可能な軍艦の五分の一もない。東インド、西インド、地中海、アフリカ、その他イギリスが支配下に置いていると称する地球表面のあちこちから、海軍に多大の要求が寄せられている。固定観念に注意不足が相まって、私たちはイギリス海軍について誤った認識を形成してきた。そして、イギリス海軍と一斉に対決するためにはその全体を相手にしなければならないかのように議論してきた。そして、同じ理由から、イギリス海軍と同一規模の海軍を保有しなければならないと考えてきた。それはただちに実行できることではない。隠れトーリー[9]の一味は、私たちの海軍建設の出はなをくじくためにこの理屈を利用してきた。だが、これほど事実に反するものはない。なぜそう言えるのか。アメリカは、イギリスのわずか二十分の一の海軍力を保有すれば、圧倒的な優位に立てるためである。なぜならば、私たちは海外に領土を持っていないし、持つ意志もないので、戦力はすべて沿岸防衛のために利用できるからだ。アメリカの近海であれば、結局のところ、私たちの勝ち目はイギリスの二倍になる。なにしろイギリスの艦隊は、私たちを攻撃する前にはるばる三千マイルか四千

（9） トーリーとは、アメリカ独立革命の過程でイギリスを支持したアメリカ植民地住民を指す。王党派（ロイヤリスト）とも呼ばれる。

マイル航行しなければならないし、修理や補給のために同じだけの距離を帰って行かねばならないのだから。また、イギリスが艦隊を用いてアメリカの対ヨーロッパ貿易を妨害する場合は、アメリカはイギリスの対西インド貿易に対して同じ規模の対抗措置を講ずる。ついでに言うと、西インドは大陸の隣に位置しているので、完全にアメリカの意のままになる。

海軍を常備する必要がないと判断するのであれば、平時に海軍力を維持する方法を工夫してもよかろう。貿易商に奨励金を与え、二十門または三十門、あるいは四十門か五十門の大砲を装備した船を建造させ、［平時には］貿易用に使わせるのも一法である（奨励金は貿易商が負担した費用に比例するものとする）。このような［半官半民の］船舶五十隻か六十隻に加えて、海軍専用の警備艇が若干あれば、十分な海軍力が確保されよう。このようにすれば、平時に船をドックで腐らせるという悪弊は解消されよう。こうした軍艦の立ち腐れについては、イギリスで声高な非難が起こっている。貿易と国防という二つの力を結合することは健全な政策である。なぜなら武力と国富とが相乗効果をあげれば、いかなる外敵も恐れるに足りないからである。

私たちは、防衛に必要なほぼすべての品目を豊富に生産している。麻は茂りすぎるほど茂り、したがって索具には事欠かない。アメリカの鉄はよその鉄より品質がよい。小銃は世界のどの国にも負けない。火砲は必要な数量だけ鋳造できる。硝石と弾薬は日々生産されている。私たちの知識は日夜向上している。決断力は私たちの先天的な特性であり、勇気は私たちの心から消えうせたことがない。そうすると、私たちに欠けているのは何か。私たちがためらうのはなぜか。イギリスがもたらすのは破滅だけであろう。もしイギリスがふたたびアメリカの統治権を握るならば、大陸は住むに値するところではなくなる。常に猜疑心が湧き起こり、絶えず叛乱が発生しよう。そして、それを鎮圧するために陣頭に立つ者などいるだろうか。同胞を外国に服従させるために、みずからの命を賭《と》する者など、いるはずがない。ペンシルヴェニアとコネチカットの、境界未画定の土地をめぐる紛争⑩は、イギリスの支配が無意味だということを意味している。そして、大陸の権力でなければ大陸の問題は解決できないということを完全に立証している。

現在「独立の」絶好の機会を迎えていると言えるのはなぜか。もう一つの根拠はこうである。今はまだ人口が少ないので、その分占有されていない土地が多い。そのような土地が国王の手でつまらぬ家臣に下賜《かし》されることはなくなる。今後土地の供給は、現在の負債の返済や、恒常的な財政補助に向けられよう。このような利点に恵まれている国は、世界中どこにもない。

十三植民地は未成熟な状態にあるというのが通説であるが、これは独立反対論の根拠になるどころか、逆に賛成論を支える根拠となる。私たちの人口はもう十分に多い。人口がこれ以上増加すると統制がとれなくなる。一国の人口が多くなると軍隊が弱小化する。これは注目に値する問題である。兵員数では、古代国家は近代国家をはるかに上回っている。その理由は明らかである。すなわち、人口増に比例して商業がさかんになり、人々はそれにつれて商業以外のことには関心を向けなくなるということである。商業がさかんになると、愛国心と国防意識がともに薄れる。また、歴史が遺憾なく教えているように、後にも先にも例のない偉業が達成されるのは、決まってその民族の発達期においてである。イギリスは商業の発達にともなって気概を失った。ロンドンの中心地シティでは人口の多さにもかかわらず、臆病者にありがちな忍耐強さで、たび重なる侮辱(11)を甘受している。失うものが多いと、人は危険を冒したがらない。富裕な人々は概して、恐怖というものに服する奴隷となる。だから、軟弱な権力に対しても、おどおどと二心を秘めて屈従するのである。その姿は、阿諛追従《あゆついしょう》の徒のようである。

青年時代は、健全な習慣を身につけるための準備期間である。それは個人の場合も国の場合も同じことである。今から五十年もすると、一個の政府のもとに大陸をまとめ上げることは、不可能ではないにしても困難になるかもしれない。商業と人口が増大すると、利害も大きく食い違うようになり、その結果として混乱が生じるであろう。植民地は相互に対立するようになり、一人前になった各植民地は、他の植民地の助け

（10）ワイオミング渓谷の領有をめぐるコネチカットとペンシルヴェニアの紛争を指す。両邦は同渓谷をめぐって二度にわたって衝突（一七六九～七一年、七五～八四年）。いずれの武力衝突も、コネチカット側の開拓者がワイオミング渓谷を占領したまま終わった。これをペナマイト戦争という。紛争はその後一七九九年まで続き、最終的には、ワイオミング渓谷がペンシルヴェニア州に属すこと、また、コネチカットの開拓者にも同渓谷での土地所有権を認めることで決着がついた。

（11）ペインの言う「侮辱」が何を意味しているかは判然としないが、一七七四年にシティ・オブ・ロンドンの市長（the Lord Mayor of London）に就任したジョン・ウィルクス（John Wilkes）への人身攻撃を指しているようにも思われる。市長就任以前から反国王的な言辞を繰り返していたウィルクスは、アメリカ植民地との戦争についても反対論を唱えていた。その点で、アメリカとの貿易を優先するシティ全体の利益を代弁する立場にあった。

を軽視するようになろう。また、自信過剰で見識を欠いた植民地がおのれのわずかな長所を吹聴するのに対し、見識のある植民地は、それまでに団結ができなかったことを嘆くであろう。したがって現在こそが、団結するのにふさわしい好機なのである。幼年時代に結ばれた親密な関係と、不幸な境遇でつちかわれた友情。いつまでも続き、変わることがないという点で、この二つに優るものはない。現時点で団結が成立すれば、そこにはこの両方の特徴がそなわる。私たちは若くして辛酸をなめてきた。しかし私たちの協調は、これまで苦難を乗り越えて続いてきた。そのような協調があればこそ、子孫が誇る、記憶すべき時代が確立されるのである。

同様に今という時は、一つの国に一度しかめぐってこない特別な時、すなわち自己形成して政府を樹立する時なのである。大半の国はこの機会をみすみす逃し、その結果、みずから法律を制定する代わりに征服者から法律を押しつけられてきた。本来は、統治の規約や憲章を先に定め、次いで、それを執行する人々を代表者として任命すべきなのだが、実際には、最初に国王が存在し、その次に統治形態が決まるという順番になっていた。そのようなやり方ではなく、よその国民の失敗を他山の石として目下の機会をしかとつかもうではないか。そして、正しい順番で統治を始めようではないか。

ウィリアム征服王は、イングランドを攻略したとき、武力に物を言わせて法を押しつけた。そうであるからには、アメリカでは合法性と委任された権限をそなえない者には権力の座を占めさせないという合意を成立させておかないといけない。さもないと、権力の座を悪運の強いならず者が占める危険がつきまとう。そして、その人物は私たちをウィリアム征服王と同じやり方で扱うかもしれない。そのようなことになったら、私たちの自由は、そして財産は、一体どこへ行ってしまうであろうか。

宗教［すなわちキリスト教信仰］については、私はこう考えている。政府は必ず果たすべき義務として、すべての誠実な信仰者を守らなければならない。宗教との関係で政府が果たすべき仕事は、これに尽きる。宗派と名がつくものなら何でも毛嫌いする人々の心には、不寛容と利己主義が根強く巣くっているが、そのようなものは投げ捨てるがよい。そうすれば、たちどころに宗派恐怖症から解放されるであろう。猜疑心は、心の卑しい人々との間で親和性が高い。そして、健全な社会を全体的に毒する。社会に信仰上の意見の多様性が見られるのは全能の神の御心《みこころ》によるものである。私自身は全面的に、そして本心から、そう信じている。このような考え方が受け入れられれば、私たちキリスト教徒が隣人愛を発揮する場は、もっと広がる（仮に私たち全員の思考様式が一様であるならば、キリスト教信仰を一元管理するために、入信希望者を試すための試金石が必要となろう）。私はこのような寛容の原則に立って、次のように考える。すなわち、私たちの間に見られるさまざまな宗派は同じ両親から生まれた子どものようなものであって、［姓は同じで］洗礼名が別々であるにすぎない、と。

私は［本書第三章の終わりの辺りで］大陸憲章の妥当性について若干の考えを提起した（「若干の考え」という言い方をするのは、計画ではなくてヒントを提示することしか念頭に置いていないからだ）。読者をわずらわせるのは心苦しいが、ここで、この問題をもう一度取り上げさせていただく。申し上げておくが、大陸憲章は次のように解釈すべきだ。すなわち、大陸憲章は厳粛な義務についての契約であり、信教の自由や職業選択の自由、所有権などの個別の権利を守る目的で全員が締約者となる、ということである。確固とした契約があって、しかも貸借の決済が公正であるなら、交友は長続きする。

また、私は前に、広汎で平等な代表制の必要性に言及した。これ以上に注目すべき政治問題はない。選挙人の数が少なかったり代議員の数が少なかったりすると、いずれの場合も同じ程度に危険である。しかし、代議員の数が少ないばかりか不平等でもあるならば、危険度はさらに高まる。その一例として次の事例を挙げよう。［イギリス本国宛ての］植民地請願書がペンシルヴェニア議会《アセンブリ》の審議にかけられたことがある。このとき出席者は二十八名しかいなかった。バックス郡選出の議員（八名）は全員反対票を投じた。このとき、仮にチェスター郡の議員のうち七名が同調していたら、この二つの郡だけでペンシルヴェニア全体を支配することになっていたであろう。ペンシルヴェニアは常にこのような危険にさらされているのである。ペンシルヴェニア議会は前回の会期において、議員団に対する不当な統制権を握ろうとして、言語《ごん》道《ご》断な越権行為を働いた。この事件も人民全体に対し、現行の権力委任のやり方をそのままにしていいのかという警告になっているはずである。実はペンシルヴェニア議会では、議員心得書をまとめたのであるが、それは観念と実務の両面で子どもだましであった。それは院外で少数の、いや、正確に言うとほんの一握りの人間によって承認されたあと上程され、ペンシルヴェニア全体の名で可決されたのであった。しかるに、議会はこれまで一部の重要な公共の法案に取り組むにあたり、いかなる邪念に動かされていたのか。それがペンシルヴェニア全体に知れたらどうなるであろうか。人々は一瞬のためらいもなく、議会に対し権力を委任することはできないと判断をくだすであろう。

必要に差し迫られた場合、便宜的に正当化される措置は少なくないが、それらの措置も、長期にわたって続けば圧制につながろう。便宜と正義は別物である。アメリカに災難がふりかかって協議が必要になった場合、それぞれの植民地議会《アセンブリ》から数名ずつを代議員として指名することは時間の節約になるし、当時としては妥当なやり方であった。それに優るやり方はなかった。そして彼ら代議員が仕事をくわだてる際に発揮する英知のおかげで、大陸はこれまで破滅をまぬかれてきた。しかし今後は大陸会議《コングレス》なしでは済まされない。それは確実である。したがって、健全な秩序を望む者であれば、大陸会議の構成員の選出方法を熟考すべきであると認めざるを得ない。そこで、人間社会の研究をしている専門家に問うてみたい。植民地の代表を務めると同時に、大陸会議の代議員を選ぶことが許されるとすると、そのような権力は、同一の人間集団に保持させるには強大すぎるのではないか。子孫のために計画を立てるとき私たちは、人徳は世襲されないということを忘れてはいけない。

私たちはしばしば敵から優れた教訓を学ぶ。また、敵の間違いに驚かされて理性に目覚めることも多い。かつてコーンウォール氏(12)(イギリス大蔵卿委員)がニューヨーク議会の請願書を見くびって一蹴したことがある。その理由は——同氏によれば——ニューヨーク議会がわずか二十六人で構成されているというところにあった。そのような取るに足らぬ数で全体を代表するのは不適切である。同氏はそう主張している。

結論を述べよう。事態をすみやかに解決するためには、公然かつ決然と独立を宣言するほかはない。そのような考えに違和感を覚え、とても同調できないと感じる向きもあろう。だが、それはどうでもよい。独立宣言以外の方法はないのだ。説得力のある、聞く人をうならせるような論拠はいくつでも挙げることができる。そのうちの若干のものを以下に示そう。

第一に、ある二国が交戦しているとき、この紛争に加わっていない他の強国が仲裁者として介入し、講和のお膳立てをするのが国際的な慣習である。しかし、アメリカがイギリスの臣下であると自称している限り、いかなる国も、意欲の如何にかかわらず介入を申し出ることはできない。したがって現状では、私たちは永久に紛争から脱

(12)　コーンウォール（Charles Wolfran Cornwall）（一七三五〜八九年）。イギリスの政治家。ホイッグ党所属であったが、アメリカ独立革命の際は政府の強硬策を支持。庶民院議員（一七六八〜八九年）、庶民院議長（一七八〇〜八九年）。

却できないかもしれない。

第二に、英米間の不和を修復し、両者の関係を強化するために、仮にフランスまたはスペインの助けを求めるとしよう。私たちがその気になりさえすれば、いくらかは力を借りられると考えるなら、それは考えが甘い。なぜなら、フランスやスペインは英米関係の修復によって損をこうむる立場にあるからだ。

第三に、イギリスの臣下であると自称している限り私たちは、諸外国の目には叛徒として映るに違いない。人々が臣下を自称しながら武装するという前例は、それら諸国の平和にとっていささか危険である。独立を宣言すれば、この逆説は一刀両断に解決できる。しかるに、抵抗と服従を両立させるには、常識では理解できないほど高尚な理屈が必要である。

第四に、宣言書を公表して、外国の王室に送るという手がある。そして、私たちが苦難に耐えてきたこと、また、それを解決するために平和的手段を講じてきたが不首尾に終わったことを説明すればよい。また、イギリス王室の酷薄な支配のもとでは幸せに、あるいは安らかに暮らすことはもはや期待できないので、イギリスとのきずなをすべて断ち切る必要に迫られていると声明すればよい。また、諸外国の各王室に対し平和を守り通商関係を結ぶ用意があると確約すればよい。このような覚え書きは、イギリスに向けて船で請願書を送るよりも、もっと実りある結果をもたらすであろう。

現在のようにイギリス臣民を自称していたのでは、私たちは海外では受け入れてもらえない。耳を傾けてもらうこともできない。王室の慣習は、それがどこの国の王室であろうとも、こちらにとって不利に働くのである。このような逆境は、私たちが独立によって他国と対等になるまで、変わることなく続くであろう。

以上、私は進むべき道を示した。最初は奇異で困難であるように感じられるかもしれない。しかしそれは、私たちがすでに踏み越えてきたこれまでのすべての道と同じで、すぐになじみのあるもの、違和感のないものになるであろう。そして、独立を宣言するまでの大陸は、意に染まぬ仕事をあと一日あと一日と延ばしながら、それをやり遂げねばならないことを承知している男の気持ちを味わうことになろう。男は、仕事に着手するのを怠りながら、早く終わればいいと願い、しないわけにはいかぬという圧迫感に四六時中さいなまれるのである。

付記

この小冊子の初版が出版された後で、いや、正確に言うとまさに出版当日に、イギリス議会の開会式における勅語がここフィラデルフィアで披露された。仮に予言能力のある神霊が出版日を指示していたとしても、これ以上に機が熟した時点で、あるいは、これ以上に必要が迫った時点で出版することはできなかったであろう。勅語の酷薄ぶりに照らせば明らかであるが、小冊子に述べられた所説はどうしても遂行しないわけにはいかない。人々は小冊子を、雪辱を果たすような気持ちで読んだ。だから勅語は、私たちを震え上がらせるどころか、逆に独立という雄々しい方策のために道を拓いたのである。

儀礼は、いや、沈黙ですら――それがいかなる動機にもとづいていようとも――もし卑劣で不正な行動をいささかなりとも支持するのであれば、有害である。この命題が正しいとすれば、理の当然として次のことが言える。すなわち、イギリス国王の勅語は、大陸会議とアメリカ人民の双方からこの上なく凶悪な行為として広く呪われるのが当然であったし、今も当然である。とはいえ国内の平穏は、国の所作（と言えばよかろうか）の慎み深さによって大いに左右されるので、ある種のことは取り合わずにやり過ごしたほうが得策であることが多い。そうしないと、不満表明の新たな方法をいたずらに行使し、私たちの平和と安全を守る後見人に最小限の見直しをさせるだけに終わってしまう。イギリス国王の勅語がこれまで公然たる抵抗を招くことがなかったのは、恐らく主としてこの種の慎重な配慮が働いていたからであろう。問題の勅語は、もしそれが勅語と呼べるならばの話であるが、真理や公益、人類の存在を、意図的に臆面もなく侮辱するものである。それはまた、専制君主の誇りを満たすべく人間を生贄《いけにえ》として献上するための、形式と重々しさを取りつくろう便法にすぎない。しかし、このような、人類に対する無差別の虐殺は王の特権の一つであり、王の存在がもたらす必然の帰結でもある。なぜ必然の帰結と言えるのか。自然の理法が王というものをわきまえないのと同じように、王は自然の理法をわきまえていないからである。また、王は私たちのおかげで誕生したにもかかわらず、私たちのことは意に介さず、自分を創造した者を支配するようになったからである。勅語には一つだけ優れたところがある。それは、人を欺こうという打算がないので、こちらとしては騙《だま》されたくても騙されようがない、ということである。非人間性や暴虐ぶりは一目瞭然であり、読者を煙《けむ》に巻くというところがない。だから読者は一行ごとに、いや、読んだその瞬間に確信させられるのである。森で獲物を求める狩人や、衣服もまとわぬ粗野なインディアンですら、粗暴という点ではイギリス国王に及ばないということを。

サー・ジョン・ダルリンプル(1)は、『イギリス国民からアメリカ居住民へ訴える』というもっともらしい題名の、おためごかしの哀願調アピールを草したとされる人物である。ダルリンプルは、当地アメリカの人民が国王なるものの威風と英姿に恐れおののくだろうとの的外れな予想にもとづいて、現国王の実像を示したのであった(ずいぶん間抜けな役回りを演じたものだ)。彼は次のように述べている。「しかし、非の打ち所のない政府(印紙法廃止のときのロッキンガム侯爵(2)の内閣を指す)に対して諸君が敬意を表する気があるなら、国王に対して同じことをしないのは甚《はなは》だ不当である。なにしろ国王が首肯するだけで、内閣は何をしても許されるのだから」。これは紛れもなくトーリー主義である! ここにあるのは露骨な偶像崇拝である。このような説を冷静に聞き、耐え忍ぶことができる者は、理性の持ち主を自称する資格を持たない。むしろ、人類の秩序に背く者である。そして、人間の固有の尊厳を放棄したばかりか、動物以下の水準に身を沈め、虫ケラのように浅ましく世の中を這い回る者と見なされるべきである。

しかし今は、イギリス国王が何を述べ、何をしようとも、そのようなことはどうでもよい。イギリス国王は悪意をもってあらゆる倫理上、人道上の戒めを破り、情けと良心を踏みにじり、習い性となった尊大かつ酷薄な態度により、世の憎悪を招いてきたのである。今や自活することこそがアメリカの利益にかなっている。アメリカという一家はすでに子だくさんである。子女の面倒を見ることこそがアメリカの義務である。人間にしてキリスト教徒である者の名を辱める国に対して、財産を寄付して活力

(1) サー・ジョン・ダルリンプル(Sir John Dalrymple)(一七二六〜一八一〇年)。スコットランドの法廷弁護士、裁判官、著作家。

(2) ロッキンガム侯爵(Marquess of Rockingham, Charles Watson-Wentworth)(一七三〇〜八二年)。ホイッグ党の政治家。イギリス首相(一七六五〜六六年、一七八二年)。第一次内閣を組織したあと印紙法を撤廃するなど、対アメリカ植民地友好政策の推進を目指したが、国王の不興を買って辞任に追い込まれた。

を与えることがどうして義務であろうか。十三植民地全体の、そして、自分の帰依する宗派または教派（どこに帰依するかは問わない）の倫理を監督することを任務とする諸君よ。また、もっと直接に公共の自由を擁護している諸君よ。諸君は自分たちの郷土がヨーロッパの腐敗によって汚《けが》されないことを望むならば、ひそかに独立を望まなければならない。しかし、道徳的なことは個人の反省に任せ、主として次の点に限定して詳しく私見を述べることにしよう。

第一に、イギリスからの独立がアメリカの利益にかなっているということ。

第二に、和解と独立のうち、どちらが容易で実行可能な計画であるのかという問題（ところどころに私見をはさませていただく）。

第一の見解を擁護するためには、この大陸において最も有能で経験豊かな人々の意見を紹介することもできないではない。ただし、私がそれを適切と判断するならばの話であるが。この点に関して彼らがどのような考えをいだいているかは、世間一般にはまだ知られていない。だが実のところ、彼らの立場は自明である。なぜなら外国に従属した状態では、いかなる国も通商を制限され、立法権を束縛され、したがって経済的に高い地位を占めることはおよそ不可能だからだ。アメリカはまだ、豊かさというものを知らない。そして、アメリカはこれまで、他のいかなる国の歴史にも比類を見ないほどの進歩を遂げた。だが、すでに手に入れているべき立法権を、いまだにそなえていない。本来立法権があれば届くはずの到達点にくらべると、今はまだ幼児期にたどり着いたにすぎない。イギリスは現在、よしんば入手したところで何の役にも立たないものを、臆面もなく要求している。一方大陸は、深刻な問題に直面しながらためらっている。それを放置すれば、取り返しのつかない事態、すなわち身の破滅は避けられない。イギリスの利益は、アメリカを征服することではなくアメリカと通商することにある。英米間の通商は、もし英米双方がフランスとスペインのように互いに独立関係にあるならば、引き続き活発におこなわれるだろう。なぜならばどちらの側も、もっと利を生む市場に鞍替えしようにも、そうすることのできない貿易品目が多いからだ。しかし今議論に値する最重要の、そして唯一の問題は、アメリカがイギリスから、あるいはその他のいかなる国からも、独立するということである。アメリカの独立問題は、必要に迫られて発見された他のすべての真実と同様、やがて曇りのないものとなり、日増しに鮮烈さを増すであろう。アメリカの独立問題がそのように位置づけられるのはなぜか。

第一に、遅かれ早かれ、いずれそうなるからである。

第二に、独立は、遅くなればなるほど、成就がむずかしくなるからである。

私はこれまで公私さまざまな席で、よく考えもせずにしゃべる人々の、もっともらしく聞こえる臆説を黙って聞くのを楽しむことがよくあった。そして、私が耳にした数々の議論の中では、次の見方が最も人口に膾炙《かいしゃ》しているらしい。それは、「この不和が今ではなく、四十年か五十年後に起こっていたら、大陸はイギリスへの従属を一掃することができるのに」というものである。これに対して私は次のように答えたい。私たちは、先般の戦争で得られた経験をもとに現在の軍事的能力を身につけた。だがそれは、四十年か五十年もすると消失してしまうであろう。その頃までには、大陸にはひとりの将軍も、いや、ひとりの将校すら、いなくなっているであろう。その頃になると私たちは――あるいは私たちの後を継ぐ者たちは――昔日のインディアンと同じように、軍事には疎くなっているであろう。この一点だけでも直視すべきである。そうすれば、現在こそが絶好の時機だということが、反論の余地なく証明されよう。論じ方を一ひねりすれば、次のようにも言える。前回の戦争を締めくくったとき、私たちには経験があった。しかし、兵員数は不足していた。そして四十年か五十年後、兵員数は足りるであろうが、経験は失われる。したがって、この二つの両極端の、どこか特定の時点が最適のタイミングになるはずだ。その時点であれば、経験はまだ十分に残っており、人口は適度に増加している。そして、ほかならぬ現在こそがその特定の時点なのだ。

読者には脱線をご容赦いただきたい。というのは、最初に設定した問題から逸脱したからだ。ここで本題に立ち戻り、以下の見解を示すことにしよう。

万一、イギリスから見て不穏な情勢が一時的に収まり、イギリスがこの先もアメリカの統治権や主権を握ったままでいるとしよう（事態が来るところまで来ているだけにイギリスは、そのような結末を完全にあきらめようとしている）。その場合私たちは、現在背負っている（あるいは将来背負うかもしれない）負債を返すための、願ってもない手段を失うことになる。十三植民地の一部は、カナダが国境を不当に広げているため[3]に、うかうかと奥地を奪われようとしている。その価値は、百エーカーあたりわずか

（3）　イギリスはケベック法（一七七四年）により王領カナダ・ケベックの範囲を、南はオハイオ河北のイリノイ地方、西はミシシッピ川まで拡大し、これをアメリカ先住民およびイギリス毛皮商人にあてがった。

五ポンドにすぎないが、合計すればペンシルヴェニア通貨で二千五百万ポンド以上になる。また、そこから上がる免役地代[4]は一エーカーあたり一ペニーであるが、年間で二百万ポンドに達する。

これらの土地を売却すれば、誰にも負担をかけることなく負債を減らすことができる。また、これらの土地から上がる免役地代を充《あ》てれば、政府の歳出をこの先常に減らすことができるだろうし、やがてはその全額をまかなうことも可能になろう。土地を売却したときにその代金で負債を返済するのであれば、また、そうした手続きを履行するべく大陸会議が大陸の管財人の役を担うのであれば、負債の返済期間はどれほど長くても問題にはならない。

次に、第二の問題に移ろう。それは、和解と独立はどちらが容易で実行可能な計画かということである。ところどころ若干のコメントを加える。

自然の理法に手引きされている者は、論理の筋道をそう簡単に踏みはずすものではない。したがって私は、自然の理法を根拠として次のような一般的な答えを導くものである。「独立は私たちをつらぬく唯一の単純な直線であるのに対して、和解はきわめて複雑な、一筋縄ではいかない問題である。しかもそこには、腹黒くて、定見のない王室というものが決まって介入してくる。その事実に照らせば、答えは疑う余地のないものになる」

自分の頭で考えることのできる者がアメリカの現状を見れば、誰しも心底不安を感じるであろう。法もなければ、政府もない。権力行使の様式も存在しない。もっとも、儀礼にもとづいて確立したものや、儀礼によって与えられたものは例外であるが。[十三植民地が相互に]結束しているのは、過去に例のない感情が生まれて高揚しているからであるが、そうした感情は移ろいやすい。しかも、あらゆる敵がそうした感情に水を浴びせようと暗躍している。私たちの現状はこうである。法制はあるのに法を制定できず、学識はありながら計画が立てられず、国の骨組みはありながら名称がない。呆れるのは、完璧な独立心がありながら従属を求めて闘っているという事実だ。これは前例のない事態である。このようなことが起こった例はない。この先どうなるのか誰にも予測できない。現在のように物事の秩序が弛緩《しかん》していると、誰の財産も安

（4） 封建時代のイギリスにおいて農民が賦役の代わりに納めていた地代。アメリカ植民地はイギリス国王の封土と見なされていたので、植民地住民にはこれを納める義務があった。

全ではない。大衆の心理は、成り行き次第である。大衆は確固たる目標物が見えないと、漠然とした直感や世論が描き出すものを追い求める。何をしても罪に問われない、叛逆罪も存在しない――だから誰もが、自分勝手にふるまっても構わないと考える。違法に集会を開けば国法により死刑に処せられると知っていたならば、トーリーはそのような挙には出なかったであろう。戦闘のために駆り出されたイギリスの兵士と異なり、蜂起した［イギリス支持の］アメリカ住民の罪は重い。捕まれば前者は捕虜になるが、後者は叛逆者として扱われる。捕虜は自由を剝奪されるだけだが、叛逆者は生命を剝奪される。

私たちには英知があるにもかかわらず、やり方の一部に明らかな不備があって、それによって対立が助長されているのである。大陸を結束させる力がゆるんでいる。タイミングよく手を打たないと、何をするにしても手遅れとなり、私たちは和解も独立も果たせない状況に追い込まれるだろう。国王とその取り巻きは、大陸の分割という古くからのゲームにいそしんでいる。私たちの中には、まことしやかな虚報を拡散しようと精を出す印刷業者が少なからずいる。数カ月前ニューヨークの新聞のうち二紙に（そして他の地域の二紙にも）掲載された、言葉巧みな、おためごかしの論説は、良識も誠意も持たない人々が存在するということを証明している。

人目を避けて和解について語り合うのは簡単なことだ。だがそのような輩《やから》は、和解という作業がどれほど困難であるのか、また、そのために万一大陸が分裂するならば、どれほど危険なことになるか、真剣に考えているのだろうか。あらゆる社会階層の、同情すべき立場や境遇にある人々のことは、念頭にあるのだろうか。自分のことばかりではなく、そのような人々の都合も考慮の対象に含めるべきである。また、すでにすべてを失った被害者や、自分の郷土を守るためにすべてをささげた兵士の身になってみてはどうか。他人のことはともかく自分自身の個人的な立場にだけは合致するからといって浅はかな穏健主義を採るなら、いずれ事の成り行きを見て、核心を見落としていたと確信させられよう。

私たちを一七六三年当時の関係(5)に戻してもらいたいと主張する者もある。これに対しては、次のようにお答えしよう。今となっては、イギリスはそのような要請に応じる力を持たないし、応じると申し出ることもあるまい。しかし、もしこちらの要請が認められるとしたらどうか。そのような可能性は万分の一もないが、次のような当然の問いを発したい。あのように腐敗した、誠意のない王室に、どのような方法で約束を守らせるのか。議会が交替すれば、いや、現議会がそのままであっても、後になって、取り決め方が暴力的だったとか、承認にあたって考えが足りなかったとかいった口実のもとに、履行の義務を反古《ほご》にするかもしれない。その場合私たちは、どこに訴え出れば不服を受け入れてもらえるのか。国家を相手どって法に訴えることはできない。国王の弁護人を務めるのは大砲である。裁定を下すのは司法権ではなく兵馬の権である。一七六三年当時の関係に戻るには、法律を元に戻すだけでは不十分である。イギリスには以下のことにも応じてもらわねばならない。私たちの環境を元の状態に戻すこと。焼き払われたり打ち壊されたりした数々の町を、修復、再建すること。個人の損失を賠償すること。防衛公債を肩代わりすること。こうでもしてもらわないことには私たちは、あの羨むべき時代よりも何百万倍も劣悪な状態に置かれよう。もし一年前にイギリスがこのような要求に応じていたならば、大陸の情《じょう》(6)や心をつかんだであろう。しかし今となっては手遅れである。今はもう、ルビコン川を渡った後なのである。

論じるべきことはまだある。課税に関する一法令を廃止させたいからという理由だけで武器を手に取ることは、法令の遵守を強いるために武器を手に取るのと同じように、神の法に照らして許されないし、また、人間的な感情に反するように思われる。どちらの場合も、そのような目的で手段を正当化することはできない。なぜなら人間の生命は、そのような些末《さまつ》な事がらのために投げ出すにはあまりにも尊いからである。生身の私たちがこうむっているのは暴力である。あるいは、暴力をふるうぞとの脅《おど》しである。また、武力によって財産が破壊され、放火や殺戮《さつりく》によって郷土が侵されている。このような場合は、良心にもとることなく武器の行使が正当化される。そして、こうした防衛のやり方が必要になった瞬間から、イギリスに対する一切の服従は停止するべきだったのである。また、イギリスに向けられた最初の小銃の一発こそがアメ

(5) 一七六三年、七年戦争（新大陸ではフレンチ・インディアン戦争）が終結し、イギリスは新大陸に広大な領土を獲得することになった。この時点ではまだイギリス本国と北アメリカ植民地の関係は険悪ではなかった。しかし翌一七六四年になると、イギリスは戦争にかかった費用と新たな領土の警備費用をまかなうために、植民地に対する課税強化に着手、それ以後、植民地人は不満をつのらせた。

(6) 紀元前四九年、カエサルがポンペイウスとの決戦のために渡った川。イタリアと属州ガリアとの間を流れる。カエサルはこのとき、ローマ進軍の決意を表明するために、「賽《さい》は投げられた！」（もはや退くことはできない）と叫んだとされる。

リカ独立の始まりであり、それによって独立が宣言されたのである。そう見なすべきだったのである。事態を画すこの一線は不動である。その一線は、恣意《しい》や野心にもとづいて引かれたのではなく、十三植民地にとって意図せざる出来事が続いた結果として引かれたのである。

右に述べたことを締めくくるにあたり、時節に合った、本心からの助言を以下に示そう。今後独立を成就するためには三つの方途があり、そのうちの一つがいつの日にかアメリカの宿命になると考えるべきである。三つの方途とは、人民が大陸会議において合法的な声明を出すこと、軍事力を発動すること、人々が群《ぐん》をなすことである。しかし、私たちの兵卒は［自覚のある］公民であるとは限らないし、群衆は理性的な人間の集まりであるとは限らない。すでに述べたように、人徳は世襲されないし、永続的なものでもない。もし独立が三つの方途のうち一番目のものによって達成されるなら、私たちは、地球上で最も高貴かつ純粋な政体を形成するための条件をもれなく与えられる。また、そうした政体の形成を促す好材料も十分にそろうであろう。私たちは、世界をもう一度最初からやり直すことができるのである。目下のような状況は、ノアの時代以来絶えてなかったことである。新しい世界が誕生する日は間近に迫っている。そして、恐らく全ヨーロッパと同じだけの人口が、向こう数カ月の出来事の受益者として自由の分け前にあずかることになろう。こう考えると畏怖の念を禁じ得ない。そしてこのような見地に立つなら、一握りの優柔不断な、あるいは利己的な人々が唱えるお粗末で取るに足らぬ慎重論は、世界的な事業と対比すると何とも些末で滑稽である。

万一私たちが目下の、願ってもない、飛びつきたくなるような好機を逃し、後になって別の手段で独立を達成したとすれば、その結果については私たち自身が責めを負わなければならない。いや、責めを負うのはむしろ、かたくなで縮こまった精神にとらわれて、調べも考えもせずに習慣的に独立という手段に反対する人々である。独立擁護論において挙げられる論拠の中には、社会全体で議論するよりも個人が心の中で考えるのにふさわしいものがある。私たちは今や、独立するか否かを論じている場合ではない。むしろ独立を成就するために、揺るぎない、確かな、尊厳ある姿勢で臨む気構えを持つべきである。そして、まだそれに着手していないということに不安を覚えるべきである。私たちは独立に着手しないわけにはいかない。日々そのように確信させられている。トーリーですら（そのような一派がまだ私たちの中に残っているとしての話だが）、独立促進に熱心であるという点でほかの誰にもひけをとるべきではない。なぜならば、当初、諸委員会の設置によって民衆の憤りをかわしたのと同じように、理にかなった、基礎のしっかりした統治形態を導入することこそ、民衆をトーリーの側にしっかりと引きつけておく唯一確かな方法となるからである。したがってトーリーは、ホイッグ(7)になるだけの気概を持たないにしても、せめて独立を願う程度には思慮深くあるべきである。

要するに独立は、私たちを結束、団結させる唯一のきずなになっているのである。独立を果たせば私たちは、おのれの目標が見えてくるし、酷薄で陰険な敵のもくろみを黙殺することが合法になる。また、独立すれば、イギリスとの交渉においても適切な立場を占めることになる。なぜか。イギリスの王室は、「叛乱を起こした臣民」と呼ばれる者を相手に和解交渉するよりも、［主権国家となった］アメリカ十三州を相手に和平交渉するほうが誇りを傷つけられずに済むからだ。私たちが独立にもたつくと、イギリスの征服欲をあおることになる。また、尻込みすると、戦争を長引かせるだけである。私たちは苦痛の種を取り除くためにイギリスとの通商を凍結したが、望ましい成果は上がらなかった。そこで今度は、別の方法を試みようではないか。つまり、独立することによってみずからの苦痛を解消し、次いで通商再開を提案するのだ。イギリスでも貿易に従事し理性のある人々は、依然として私たちの側にあるだろう。なぜなら、平和のもとで貿易に励んだほうが、戦争のために貿易を止められるよりも好ましいからである。そして、この提案を受け入れてもらえない場合は、それをよその国の王室に申し出ればよかろう。

私のアメリカ独立論の根拠は、ここまで述べたとおりである。この小冊子の、これまでの各版において展開してきた私の主張は、まだ反論に遭っていない。そのことが暗に証明しているのは、私の主張を論破することが不可能であるか、あるいは賛同者が多すぎて反対できないか、そのいずれかだということである。だから、いぶかしそうな、あるいは怪しむような詮索《せんさく》的態度でお互いを凝視するのはやめて、各自がその隣人に対し心からの友愛の手をさしのべようではないか。そして、力を合わせて過去と訣別し、大赦令(8)が過去の罪を帳消しにするのと同じように、以前の意見対立をすべ

(7) イギリス本国および国王に忠誠を誓うトーリーに対して、アメリカ独立を志向する植民地人を指す。パトリオット（愛国者）あるいは大陸会議派とも呼ばれる。

て水に流そう。ホイッグとかトーリーといった名称も願い下げにしよう。そして、次のような呼び方だけを使うようにしよう。「健全な市民」「偏見のない毅《き》然《ぜん》とした友人」「人間の権利およびアメリカの自由独立諸州を支持する、気骨ある者」。

（8）恩赦の一種。大赦令が発せられると、有罪の言い渡しを受けた者についてはその言い渡しが無効になり、そうでない者については公訴権が消滅する。大赦令の原語は act of oblivion で、直訳すると「忘却令」となる。

アメリカの危機（一七七六年）

今、人間の魂が試される時が来た。太陽の季節に兵士となり、晴天の日に愛国の士となった者であれば、このたびの危機に直面してひるみ、自分の国に奉仕することを避けようとするのも無理はない。しかし、今踏みとどまって危機に立ち向かう者は、人々の愛と感謝を受けるに値する。専制は地獄と同じで、これを征服することは容易ではない。しかし私たちには慰めがある。それは、戦いが激しければ激しいほど勝利はいっそう輝かしいものになる、ということである。安く手に入れたものは低く評価される。多大な代償を払って入手したものだけが価値を持つのである。天は、みずからがつくったものに正しい値をつける方法を知っている。「自由」のように神聖なものが高く評価されないとしたら、まことにおかしなことであろう。イギリスは専制をつらぬくために軍隊の力を借り、（課税に限らず）いかなる場合でも私たちを拘束する権利があると宣言した。(1) このように拘束されていながら、それでも奴隷制ではないと言うのであれば、地球上には奴隷制に相当するものはないということになる。「いかなる場合でも拘束する」という表現は、神に対する不敬である。そう言っても過言ではない。そのような無制限の力を持つのは神だけだからである。

大陸が独立を宣言するのが早すぎたとか遅すぎたとかいった問題について、四の五の議論をするつもりはない。私自身の意見はいたって単純で、要するに、八カ月早かったらはるかによかったということに尽きる。私たちは、過ぐる冬をしかるべく利用しなかった。* というか、中途半端な状態にあったために、そうすることができなかった。しかし、そのような怠慢は——それが怠慢だと仮定してのことだが——すべて私たち自身が選んだことなのだ。責めるとすれば、自分自身を責めるほかない。しかし、まだ莫大なものを失ったわけではない。ハウ(2)がこの一カ月の間にしてきたことは、武力征服ではなく破壊行為にすぎず、一年前のジャージー人の気概で反撃してい

(1) イギリスは、印紙法廃止（一七六六年）の際に制定した宣言法（Declaratory Act）において、いかなる場合でもイギリス本国は植民地に対して拘束力を持つと宣言している。

たら即座に撃退できていたであろう。だから、時間と少しばかりの決意があれば、旧に復することはたやすい。

＊ この冬は――もしそれを有意義に過ごすなら――一時代にも匹敵しよう。だが、この冬を無為のうちに過ごしたり、あるいはおろそかにしたりすれば、大陸はおしなべて不幸に見舞われることになる。不作為のために受ける罰は、どれほど重くとも重すぎない。［『コモン・センス』第三章（本書六七ページ）より］

私は迷信にはとらわれていない。その点ではいかなる現代人にもひけをとらない。しかし、以前から心中ひそかに次のように考えている。すなわち、人民は思いつく限りのあらゆる穏当な方法で、戦禍を避けるための試みを必死になって何度も繰り返してきた。そのような人民を、全能の神が見放して軍事的な破壊活動の矢面に立たせるだろうか。救いの手も差しのべずに破滅するままにするだろうか。そのようなことはしない。私はまた、神が現世の統治を放棄したとか、私たちの世話を悪魔にゆだねたとか考えるほどの不信心者ではない。したがって、イギリス国王が私たちと戦うにあたり、どのような根拠にもとづいて天に助けを求めることができるのか、およそ理解できない。常習的な殺人犯や追いはぎ、押し込み強盗ですら、イギリス国王に劣らず立派な言い訳ができるというものだ。

時としてパニックが一気に国全体を襲うことがある。それを目《ま》の当たりにすると気持ちが動揺する。どの国民も、どの時代もパニックに襲われてきた。イングランドは、フランスのヴァイキング船の一団が来襲したとの一報に、マラリア患者のように打ち震えたものだ。また十四世紀には、イングランド軍はフランス王国で暴れ回った後、怖じ気づいて金縛りの状態に陥り、全軍撃退された。このあっぱれな手柄を立てたのは一握りの敗残兵である。彼らを寄せ集め、率いていたのは、ジャンヌ・ダルクとい

(2) ハウ (William Howe) (一七二九〜一八一四年)。イギリスの軍人。一七四六年に軍隊に入る。一七五八年庶民院議員。アメリカ独立戦争では北アメリカでイギリス軍を指揮、バンカーヒルの戦い (一七七五年) で勝利を収める。一七九九年に子爵。独立戦争でイギリス艦隊を率いたリチャード・ハウ提督は兄。

(3) 一〇六六年のノルマン・コンクェストを指す。イングランドを襲ったノルマン軍は、細長くて底の浅い、両端が反り上がったヴァイキング船に乗っていた。

う一女性であった。願わくは、誰《たれ》かジャージーの乙女が神の霊感に導かれ、同胞《はらから》を奮い立たせ、無辜《むこ》の仲間を破壊と略奪の苦しみから救い出さんことを!

しかしパニックには時として効用もあり、マイナスばかりかプラスももたらす。パニックの持続期間はつねに短い。人間の精神はパニックを経験すると成長し、その働きは以前よりも堅実になる。だがパニックの最大の利点は、それが人間の誠意と偽善とを見分けるための試金石になるというところにある。パニックに見舞われた事物や人間は、パニックが起こらなければ永遠に闇に包まれていたかもしれない正体をさらけ出す。もっと言えば、正体を隠している裏切り者がパニックに対して示す反応は、殺人を犯しながら何食わぬ顔をしている者が幻の幽霊に対して示すのと同じ反応である。パニックは、人間が隠している思考をふるいにかけ、それを世の中に公表する。このところ多数の隠れトーリーが姿を現した。彼らはいつか「アメリカ独立の暁には」、ハウがデラウェア川に到着した日を[6]、「イギリス支持の本音をさらけ出しただけに」後悔の念を込めて呪う記念式典の日とするであろう。

私はかつてフォートリー[7]で軍隊と寝食をともにし、ペンシルヴェニアの境まで一緒に進撃したので、遠くに住んでいる人々がほとんど、あるいはまったく知らない事情を、あれこれよく心得ている。フォートリーにおける私たちの陣地はきわめて窮屈であった。そこは、ノース・リヴァー(8)とハッケンサック(9)との間にはさまれた土地の、いわば細い首にあたる場所であった。しかもわが軍は少人数で、ハウ軍が私たちを攻撃

---

(4) 百年戦争（一三三九～一四五三年）を指す。イギリス国王エドワード三世がフランスの王位継承に介入したのが発端。緒戦からイギリス軍が優位に立ち、フランスは国王シャルル七世（在位一四二二～六一年）のとき敗北の危機に瀕した。

(5) ジャンヌ・ダルク（Jeanne d'Arc）（一四一二～三一年）。百年戦争の末期、劣勢に立ったフランスを救うために神託を受けたとして立ち上がった少女。一四二九年、国王シャルル七世の裁可により軍隊を率い、オルレアンを包囲していたイギリス軍を破る。後にイギリス軍に引き渡され、焚刑に処せられる。

(6) 一七七六年、ロングアイランドの戦いに敗れたアメリカ軍はニュージャージーを南西方向に敗走、十二月初旬、トレントンでデラウェア川を渡り、ペンシルヴェニア方面へと後退した。追走するイギリス軍・ドイツ人傭兵部隊は十二月十四日にトレントンに到着している。

(7) ニュージャージー州内にありハドソン川の西岸に位置する。アメリカ独立戦争の際、ニューヨークを守るために砦《とりで》が置かれた。

(8) デラウェア川を南の川（South River）と呼んだのに対して、その北を流れるハドソン川またはその一部を指して用いられた呼称。

するために差し向けることのできる兵員数の四分の一にも及ばなかった。もし包囲されて守勢に立たされていたら、守備隊を救出しようにも予備の部隊はなかった。また、わが方の弾薬、軽砲、大半の軍用品は前もって他の場所に移送してあった。ハウ軍が躍起になってジャージー侵入をくわだてることが懸念されたからである。そのような事態になれば、フォートリーは私たちにとって用はなくなる。なぜそう言えるのか。軍人であろうとなかろうと、自分の頭を働かせる者なら誰でも思い当たるであろうが、この種の戦場の砦《とりで》は一時的な使用を想定しており、砦の構築によって守るはずの特定の目標物が敵勢の標的になれば、用済みになるからである。十一月二十日朝、一将校が「二百艘《そう》のボートに乗った敵が約七マイル上流に上陸した」との情報をたずさえて到着したとき、フォートリーのわが軍を取り巻く形勢や状況は、以上のとおりであった。守備隊を指揮していたグリーン少将⑩はただちに戦闘準備を命じ、ハッケンサックの町にいたワシントン将軍に急使を送った。そこは、渡し場経由で六マイル離れていた。わが方の最大の目標は、ハッケンサック川にかかる橋を確保することにあった。それは、こちら側と敵との間を流れる川の上流に位置しており、こちらからは六マイル、敵側からは三マイルの距離にあった。ワシントン将軍は四十五分ほどで到着し、陣頭に立って橋の方に向かって進撃した。私は、この橋をめぐって両軍の小競り合いが起こるはずだと予想していた。しかし敵軍は、わが方と争って橋を占拠するという挙には出なかった。そこで、わが軍の大半は橋を渡り、残りは水脈《みお》を［舟で］渡った。ただし一部は、橋と渡船場との間に突き出た小さなクリーク沿いの水車場を通り越し、ちょっとした沼地を越えてハッケンサックの位置まで北上した。そして、そこで渡河した。

私たちは軍用行李《こうり》を荷車に積めるだけ積み込んで運び出した。積みきれなかった行李は投棄した。目的は単純で、守備隊を撤退させ、ジャージーまたはペンシルヴェニアの民兵の補充を得られるところまで行軍させれば、踏みとどまって防戦することも可能になると見込んでいたのである。私たちはニューアーク(11)に四日間とどまり、一握

(9) ニュージャージー州バーゲン郡の郡庁所在地。東側を南北にハッケンサック川が流れている。独立戦争の際、ワシントンがここの村に作戦本部を置いたことがある（一七七六年）。

(10) グリーン（Nathaniel Greene）（一七四二〜八六年）。ワシントンに次ぐ有力な軍人。ボストン、トレントン、ブランディワイン、ジャーマンタウンを転戦（一七七五〜七六年）。一七八〇年、南部で軍の指揮を執り、サウス・カロライナ、ジョージアを取り戻す。

りのジャージーの民兵で前哨を固めた。私たちは、勢力では敵よりはるかに劣っていたが、敵が前進して来るとの一報を受け取ったので、それを迎え撃つために二度出撃した。卑見では、ハウは作戦上、大きな誤りを犯した。すなわち、スタテン島[12]からアンボイ[13]経由で一個部隊を投入していれば、ブランズウィック[14]に貯蔵してあったわが方の軍用品をことごとく捕獲し、わが軍がペンシルヴェニアへ進むのを阻止できていたかもしれないのに、そうしなかったのである。しかし、地獄の力にも制限があると信ずるのであれば、同様に、地獄の代理人も神によってなにがしか支配されていると信じたほうがよいのだ。

　私は今、わが軍のデラウェア川への撤退について、細部を何もかも説明するつもりはない。さしあたり、次のように言っておけば十分である。将校も兵士も、往々にして休憩もできず、野宿を余儀なくされ、糧食にも事欠くことが多かったので、極度に疲労、消耗していた。それは長いみちのりを退却する以上、避けようのないことであった。だが彼らは、男らしい敢闘精神でそのような状況に堪えた。彼らが願ったのはただ一つ、決起[15]した国民が敵を撃退するために協力してくれること、それだけである。ヴォルテールの述べるところによると、ウィリアム王[16]が本領を遺憾なく発揮したのは、もっぱら苦境に立ったときや戦闘中であった。ワシントン将軍についても同じことが言えるだろう。すなわち、ウィリアム王の性格はワシントン将軍にも当てはまるということだ。生まれつき心が堅固な人々がいる。よほどのことがないと彼らの心を開かせることはできない。しかし、ひとたび開かせることができれば、気概に満ちた心の器が目の前に現れよう。ワシントン将軍は神からのたまものとして、常に変わらぬ健康と、心配事があってもへこたれない、たくましい精神を授けられている。これは、すぐに目に見えるものではないけれども、国民全体に与えられた天恵の一種と

(11)　ニュージャージー州北東部の町。ニューヨーク市の西約十三キロメートルに位置する。
(12)　ニューヨーク湾内にある。アメリカ独立戦争開始後、イギリス軍の拠点となった。
(13)　一七七六年までニュージャージー植民地の首都。ラリタン湾に面する。
(14)　ニュージャージー州中北部の町。
(15)　ヴォルテール（Voltaire）（一六九四～一七七八年）。フランスの啓蒙思想家、詩人、劇作家、歴史家、文芸評論家。
(16)　ウィリアム王（William III）（一六五〇～一七〇二年）。オランダ総督ウィレム三世。イギリス国王ウィリアム三世（在位一六八九～一七〇二年）。一六八八年の名誉革命の後、イギリス議会の招きに応じ、妻のメアリーと共同でイギリス王位につく。

考えられる。

私は目下の情勢について少々雑駁《ざっぱく》な意見を述べ、この文書を締めくくろうと思う。まず手始めに、以下の疑問を提起したい。敵がニューイングランド地方から撤退し、中部地方に戦場を移したのはなぜか。その答えは簡単で、「トーリーはニューイングランドにはいないが、ここ中部にはうようよしているから」である。私はこれまで、トーリーに対して非難の声を上げるにあたり気を遣ってきた。そして、数え切れないほどの論拠を挙げて、彼らに自分たちの危険性を自覚するよう促してきた。しかし、一世界を彼らの愚劣な、あるいは卑劣な行動の犠牲に供することは許されない。今や、彼我のうちいずれかが意見を変えるか、さもなければ、一方または両方が倒れなければならない時を迎えているのである。それにしても、トーリーが何だというのか。そうとも、何だというのか。もし千人のトーリーが武装をくわだてるならば、私は百人のホイッグとともに立ち向かうことを恐れない。トーリーはみな臆病者である。なぜそのように断言できるのか。卑屈で利己的な恐怖心こそがトーリー主義の基盤であって、その影響下にある者は、残酷ではあっても断じて勇敢であるはずはないからだ。

しかし、関係が決裂して修復不能になる前に、互いの立場から問題を論じよう。

トーリーを支持する諸君の行状は、敵をあおっているのに等しい。しかるに、諸君の中で本気でトーリーに荷担する覚悟がある者は、千人にひとりもいない。諸君は、アメリカの大義をそこなっているのと同じように、ハウをも欺いている。ハウは、諸君全員が武器を手に取り、小銃を肩にかついで軍旗のもとに馳《は》せ参じることを期待しているのである。諸君がハウをみずから支援するのでない限り、諸君の意見はハウにとって無用である。なぜなら、彼が求めているのは兵士であってトーリーではないからだ。

私はかつて、トーリーが信奉する低級な行動原理に対して、あらん限りの怒りを感じたことがあった。それは、人間であれば当然感じるはずの怒りである。アンボイで酒場を経営していて名を知られた男が、八歳か九歳ほどの、見たこともないほど可愛い子どもの手を引いて戸口のところに立ち、無難な（と本人が自己判断する）範囲であけすけに胸のうちを語り、父親たる者には似つかわしくない言い草で話を締めくくった。いわく、「そうですねえ、私の目の黒いうちに平和になってもらいたいものです」。この大陸では誰もが、分離は結局はいつの日にか実現すると心から信じている。そうでない人間はひとりもいない。したがって、子どもを思う親ならば、次のように言うべきだったのである。「ごたごたを避けられないとすれば、私が生きているうちに片をつけ、子どもには平和を享受させよう」。この真心のある考えを突きつけてしかるべく迫れば、各人に義務を自覚させることは十分可能である。

アメリカほど幸福な国は地球上のどこにもあるまい。アメリカの地理的位置は、紛争の絶えない世界中の国々から遠く隔たっている。アメリカは、通商を除けばどこの国とも関係を持っていない。人間は互いに、気質と行動原理によって区別される。私は、世界を治めるのは神であると確信している。それと同じように確信しているのは、外国の支配を一掃するまでアメリカは決して幸せにはなれない、ということだ。その時が来るまで絶え間なく戦争が起こり、最終的には大陸が勝者となるはずである。なぜなら自由の炎は時として輝きを失うかもしれないが、種火は決して燃え尽きないからである。

アメリカが欲していたのは（今もそうだが）力ではなく、力を正しく行使することである。英知は一日では手に入らない。だから、私たちが最初の出発点で誤りを犯したのは不思議なことではない。私たちは気を回しすぎて、正規兵の徴募に消極的であった。そして、私たちの大義を、善意の民兵によって暫定的に守ってもらうことにした。今や私たちは、一夏の経験によって有意義な教訓を学習したが、民兵部隊に頼った場合でも、兵の補充が続いている間は敵の前進を食い止めることができた。そしてありがたいことに、今、ふたたび兵が集まり始めている。私は常々、とっさに軍事行動を起こすのに民兵ほど優れた部隊は世界中どこにもないと考えていたが、民兵は長期間の戦役には役に立たないだろう。

恐らくハウは、ここペンシルヴェニアに対して攻撃をくわだてるであろう。ハウは、デラウェア川のこちら側で挫折した場合は破滅する。首尾を果たした場合でも私たちの大義を滅ぼすことはできない。ハウはわが軍の一部を攻撃するために全軍を賭けている。ハウが勝ったとしても、結局のところ［アメリカ側は］大陸の両端から軍隊を派遣し、中部諸州で苦戦している友軍を助けることになる。なぜか。ハウが［同時に］すべての方面に出没するなどということはあるはずがないし、そのようなことはそもそも不可能だからだ。私の見るところ、ハウはトーリーにとって最大の敵である。ハウは、トーリーの支配地域に戦争を持ち込もうとしている。トーリーが戦争の局外にいられなかったのは、ハウがいたからである。また、部分的にはトーリー自身の存在にも原因がある。今ハウを追放するとすれば、今後はホイッグとトーリーという名称を一切口にしないようにしてもらいたい。キリスト教徒として心からの祈りを込めてそう願う。だが、トーリーがハウを刺激して進軍を促したり、進軍してきたハウに支援の手を差しのべたりするならば、同様に心底から願う。来年トーリーが、わが軍の武器によって大陸から放逐されることを。また、トーリーの残した財産が、大陸会議によって没収され、義を尽くして災難にあった人々を救済するために使われることを。来年一度だけでも戦闘を制することができれば、万事解決できる。アメリカは、不満分子の財産を没収すれば戦争を二年間継続できるだろう。また、それら不満分子を追放すれば心が慰められるだろう。これを遺恨と言ってはならない。むしろ、苦しんでいる人々の、控えめな憤りと称するべきである。彼らは、もっぱら万人の利益だけを図り、不吉な様相の運命に自分自身のすべてを賭けてきたのである。しかし、思い込みによって心を閉ざすなかれと論難するのは愚行《おろか》である。雄弁は耳に達し、悲しみの言葉は同情の涙を誘うかもしれない。だが、固定観念という鋼《はがね》でおおわれた心には、何も届かないからである。

この種の人々は放っておこう。私が友人として熱烈に期待を寄せるのは、気高く立ち上がり、最後まで難局に立ち向かう覚悟のできている人々である。私は一部の人々ではなくすべての人々に対して、また、あれこれの州ではなくすべての州に対して、次のように呼びかける。「決起して助け給え。力を貸し給え。かくも偉大な目標を賭《と》している以上、兵力の過大は過小に優る」。生き残っているのが希望と勇気だけとなった冬のさなかに、一つの共通の危難に気づいて覚醒した市民、国民が、反撃、撃退のために躍り出てきたと、後世に語り継がれてほしい。数千人が亡くなったなどと弱音を吐くのではなく、諸君の味方を数万人集めるのだ。辛い仕事を投げ出して神に任せるのではなく、「おこないによって汝らの信仰を見せ(17)」、神の祝福を受けようではないか。

諸君がどこに住んでいようと、世間的にいかなる地位にあろうと、そのようなこととは無関係に、災難と幸福のいずれかが諸君全員のもとを訪れるのである。遠くにいる者も近くにいる者も、中心部の［すなわち東部の］郡も辺鄙な郡も、富める者も貧しい者も、みな同じように苦しむか、または喜ぶことになる。今、何の痛痒《つうよう》も感じないとすれば、心が死んでいるのである。わずかな力を出すだけで全体を救い、子孫を

(17) 新約聖書「ヤコブの手紙」(二・十八)。

幸福にしてやれるというのに、まさにそのような好機に尻込みするならば、その臆病ぶりは子孫の血によって呪われるであろう。私が愛するのは、困難に直面してほほえむ者、苦しみに遭って力を発揮する者、非難されてなにくそと発奮する者である。尻込みは小心者のすることである。しかるに、揺るぎなき精神を宿し、良心にもとることなく行動する者は、おのれの志操《しそう》を死ぬまでつらぬくであろう。

私自身の議論の筋道は、私自身にとって光線と同じようにまっすぐで明らかである。少なくとも自分の確信する限りにおいては、世界中のすべての富をやると言われても私は、攻撃的な戦争を支持する気にはならなかったであろう。なぜなら、それは殺人だと思うからだ。しかし強盗に入られて、家財を焼かれ、たたきこわされたとしよう。そして、私や家族、使用人が命を取られるか、あるいは「命を取るぞ」と脅《おど》されたとしよう。また、強盗の絶対的な意志にいかなる場合でも従わせると脅されたとしよう。そのような事態になっても私は耐え忍ばなければならないのだろうか。このような悪事を働くのが国王であろうと一庶民であろうと、同郷人であろうとよそ者であろうと、一匹狼であろうと群盗であろうと、そのような区別には何の意味もない。物事の根本まで突き詰めて考えるならば、そのような区別はできないということが分かるだろう。

また、ある場合には処罰しながら、他の場合には赦免するのはなぜか。正当な理由を挙げることはできない。人が私のことを叛逆者だと言うなら、それで結構だ。私はそのようなことに拘泥《こうでい》しない。しかし私は、おろかで間抜けで頭の固い、道徳心も分別もない人間に忠誠を誓うことによって、自分の魂を堕落させることは望まない。そのようなことをしたら、途方もない苦痛をなめることになる。また同様に、人でなしどもから慈悲を恵んでもらうことなど、想像しただけでも身の毛がよだつ。彼らは、最後の審判の日に悲鳴を上げて岩や山の陰に身を隠し、恐怖に駆られてアメリカの孤児や未亡人、殺された被害者から逃げまどうような輩《やから》なのだ。

どのような表現を用いても言い過ぎにはならないケースがある。今の場合がそれである。しかるに、自分たちを脅《おびや》かしている悪を正しく見きわめられない者たちもいる。彼らは、負けても敵が温情をかけてくれるだろうとの希望にすがり、みずからを慰めている。義をおこなうことを拒否した者に温情を期待するのは、愚行である。狂気の沙汰である。征服が目的となっている場合は、温情ですら軍事的な計略にすぎない。狐の狡猾さは狼の凶暴さに劣らず残忍である。だから私たちはこの二つから同じように身を守らなければならない。ハウの最優先課題は、脅迫と約束の使い分けにより人民を脅《おど》したり誑《たぶら》かしたりすることにある。そうすれば人民は武器を引き渡し、慈悲を乞うだろうと算段しているのである。イギリス政府はゲージ(18)にも同じ計画を推奨した。そしてこれこそが、トーリーが和解と称しているものである。それは、自称「全面的な協調を誓う和解」である。いやはや呆れてものが言えない！　そのような和解を結ぼうものなら、それをはしりとして、そのあと直ちに、想像を絶する恐ろしい破滅がやって来るであろう。

ペンシルヴェニアの人々よ！　以上のことにもとづいて判断を下していただきたい！　奥地の郡が武器を捨てるなら、その地の、全員武装しているインディアンにやすやすと餌食《えじき》にされてしまうであろう。トーリーの中には、恐らく、そのようなことが起きても心を痛めない者もいるだろう。中心部の［すなわち東部の］郡が武器を引き渡して降参するなら、奥地の郡の恨みを買うであろう。後者（奥地の郡）は、前者の裏切りを存分に懲らすだけの力をそなえている。また、もしどこかの州が武器を捨てるようなことがあれば、ハウはそこに、イギリス兵およびドイツ人傭兵から成る全軍を駐屯させ、他の州の怒りから守ろうとするに違いない。互いの恐怖は、互いの愛を結びつけるための重要な結び目である。約束を破る州に災いあれ！　ハウは諸君を情け深く招き入れて、容赦なく屠《ほふ》ろうとしているのだ。それが分からないと言うのなら、不正直者かばか者である。私はとりとめのない幻想にふけっているのではない。諸君の耳に道理を吹き込み、この上なく平明な言葉で諸君の目に真実を指し示そうとしているのである。

ありがたいことに、私は恐れを知らない。また、恐れなければならない真の理由も見当たらない。私は、私たちの置かれた窮状をよくわきまえ、そこから脱する方法を心得ている。わが軍が兵を募っていたあいだ、ハウはあえて戦端を開くことはなかった。ハウがホワイト・プレーンズ(19)の野営から撤収し、無防備なジャージー人を撃滅する機会を臆面もなく窺ったのは、名誉なことではない。しかるに、私たちが一握りの兵員とともにほぼ百マイルのみちのりを整然と後退し、弾薬とすべての野戦砲、そして大半の軍用品を持ち出し、四つの河川を渡ったことは、偉大な名誉である。誰も、

(18) ゲージ(Thomas Gage)(一七二一～八七年)。アメリカのイギリス軍司令官(一七六三～七四年)。一七七四年にマサチューセッツ総督。一七七五年、コンコードの入植者から武器を押収するために軍を派遣したことから、レキシントンで植民地部隊との衝突を招いた。

(19) ニューヨーク州の南端、ニューヨーク市の北に位置する。

私たちが浮き足だって後退したなどとは言えない。なぜか。私たちは、ジャージー州の参戦準備のために時間を稼ごうと、後退作戦の実施にほぼ三週間をかけた。私たちは、追いすがる敵に対して逆襲に転じたことが二回あった。夜になるまで外にとどまるのが常であった。わが陣営には何かに怯《おび》える兆候は見られなかったし、もし住民のうち一部の臆病な不満分子が、誤った警報を州全体に広めるようなことがなかったら、ジャージー人は戦禍をまぬかれていたであろう。私たちは改めてもう一度兵の徴募をおこなった。徴募は今も続いている。私たちの新たな軍隊は大陸の両端で急速に兵を補充しつつある。私たちは、武器・装備の整った六万人の兵力で再度戦端を開くことが可能になるだろう。

以上が私たちの状況である。それは、その気になれば誰でも知ることができる。不《ふ》撓《とう》不屈の精神を発揮した場合に見込まれるのは、名誉ある結末である。おどおどと屈従した場合に見込まれるのは、自業自得のさまざまな災厄である。それはすなわち、荒廃した郷土、人口が減少した都市、安全なき住居、希望なき隷従、ドイツ人傭兵のための兵舎および売春宿と化したわが家、父親が特定できない浮浪児等々である。このような将来像を悲しんで泣くがよい！　それを信じない浅はかな者が、まだひとりでも残っているのならば、誰からも同情されることなく自分ひとりで辛酸をなめればよいのだ。

厳粛な思い（一七七五年）

イギリスはインドで、恐ろしい残虐行為に手を染めている。大勢の人々を兵糧攻《ひょうろうぜ》めによって餓死に追い込んでいる。また、奢侈《しゃし》と見栄を優先し、善悪の観念や、廉恥《れんち》、廉直などのあらゆる「人の道」を犠牲にしている。また、新聞を読むと分かることだが、あわれな現地住民が凄絶な光景に堪えきれず戦闘を拒んだことにかこつけて、ほかには何の落ち度もないのに命を奪っている。同じような蛮行の事例は、このほかにも数え切れないほどある。それを顧みるとき、私は確信を強める。全能の神は人類の不幸を哀れんでイギリスから権力を奪って下さるだろう、と。

また、イギリスがこの新世界の発見によって確立した悪弊を振り返ってみよう。歴代の地上の王は、王の中の王である神の偉大な意図をないがしろにし、自分たちの卑小な威厳をとりつくろってきた。また、インディアンに対してキリスト教徒の手本を示すどころか、卑劣な動機からインディアンの怨念をあおり立て、彼らの無知につけこみ、彼らを背信と殺人の道具に仕立てるのが常であった。そのほかにも、気の滅入るような記憶はいくらでも挙げられるが、さらに悲しむべき事実を付け足そう。それは、イギリスがアメリカ発見以来、あらゆる貿易の中でも最も恐ろしい貿易、すなわち人身売買という非道の所業に従事してきたということである。どれほど野蛮な国でもこのようなことには手を出さない[1]。イギリスは毎年、アフリカの、たまたま運悪く白羽の矢が立った海岸を(血迷うでもなく平然と)侵し、無抵抗の住民を連れ去った。それはアメリカ大陸において、盗み取った領土を開墾させるためであった。これらもろもろのことを顧みるとき、私は寸分もためらうことなく確信する。全能の神はアメリカをイギリスから後腐れなく切り離してくださるだろう、と。それは「独立」と称しても構わないし、他の呼び方をしても構わない。神および人類の目指すものと一致しているならば、独立は押しとどめられない。

全能の神の恵みにより私たちが神のみに服従する国民になるとき、私は、私たちの最初の感謝の念が、大陸立法部の制定する法律という形で表明されることを願う。そして、法律によって黒人の輸入や売買が禁止され、すでにこの地にいる黒人の苛酷な運命が和らげられ、やがては彼らが自由の身となることを願う。

フーマーヌス[2]

(1) 実際には、ヨーロッパ諸国でアフリカ人奴隷貿易に先鞭をつけたのは、ポルトガルとスペイン(十五世紀)。その後、イギリスと並んでフランスやオランダも、黒人奴隷貿易に手を染めた。
(2) ラテン語で「人間的な」の意。

対談（一七七六年）

対談者　あの世から姿を現したモンゴメリー将軍(1)とアメリカ大陸会議の代議員
場所　フィラデルフィア近郊の森

代議員　このような草深いところにようこそおいで下さいました。人違いでなければ、かの勇猛なるモンゴメリー将軍とお見受けしますが。

モンゴメリー将軍　お出迎えありがとう。自由とアメリカを大事に思う気持ちに今も変わりはないので、今感じる満足感は大部分、この大陸が将来偉大な国になるだろうという見通しのおかげだ。私がここにやって来たのは重要な使命があってのこと、つまり、イギリス王室の和平条件に耳を傾けてはならぬと警告するためである。

代議員　閣下からご指示を仰げるとはありがたいことです。なにしろ今アメリカの情勢は苦しい局面を迎えているのですから。しかし、今ご指摘になった、イギリス王室の言う「和平の条件」が、公正かつ名誉あるものになった場合はいかがでしょうか。

モンゴメリー将軍 そのようなことはまず期待できない。なにしろイギリス国王は議会開会式の勅語において諸君を「叛徒である」と宣言し、しかも上下両院とも、諸君を成敗するための戦争を続けるにあたり、国王を支持すると決議したのだから。イギリスから申し出があるとすれば、赦免だけだろう。それ以外の申し出は予想できない。この、赦免という言葉ですら、われわれの大義に対する侮辱だ。いったい誰に向かって赦免を申し出ようというのか。まさか勇敢な自由人に対してか？　また、何を赦《ゆる》すというのか。人間の権利を守るために戦闘準備にとりかかったことを赦すというのか？　また、赦免を申し出るのは誰か。犯罪者である国王か？　貴下のおかげで、

(1) モンゴメリー将軍（Richard Montgomery）（一七三八〜七五年）。アイルランド生まれ。一七五六年、イギリス軍に入隊。英仏間の七年戦争（フレンチ・インディアン戦争）に参加。六四年、イギリスに帰国。七二年、軍籍を離れた後、ニューヨークへ移住。一七七五年五月、ニューヨーク植民地議会の議員に選出される。六月、大陸《たいりく》軍の准将に任命される。同年秋、カナダ侵攻作戦の指揮を執ったが、十二月のケベックの戦いで戦死。

私は自分が死んだことを喜ぶ理由がまた一つできた。「また一つ」というのは、そもそも生前から、国王の慈悲にすがって生きるより国王に報復されて死んだと言われたいと、願っていたからだ。

代議員　しかし閣下は戦争が起こった場合の破滅的な結果をお考えになっておられません。もし現在の対英戦争が少しでも長引けば、灰燼《かいじん》に帰する都市や四散する家族、未亡人となる婦人や孤児となる子どもは、一体どれほどの数にのぼるでしょうか！

モンゴメリー将軍　私が念頭に置いているのは、隷属を続けた場合の破滅的な結果だけだ。戦争の惨禍は一時的で、その影響は限定的である。しかし隷属のもたらす惨禍は広汎な範囲に及び、悪影響はいつまでも続く。貴下と同様に私にも人類愛はある。そして、正義を大事にするために仲間の血を流さざるを得ないとなれば、涙をこらえることはできない。私がイギリスとの和解を戒めるのは、人道上の精神からである。なぜならイギリスとの和解が成立したとしても、アメリカ植民地は高い確率で、ふたたび戦場となるに違いない。イギリス国王が他の植民地との間で、またヨーロッパの好戦的な大国との間で「いったん収まった」紛争を再燃させることがどれほど多いとしても、アメリカ植民地を相手にする場合ほどではない。

代議員　閣下のご高説を聞いておりますと、恐ろしくなってきます。アメリカ植民地がイギリスから独立することにご賛成ということですね。

モンゴメリー将軍　アメリカ植民地が永遠に自由で平和で安全であること。それが私の願いである。

代議員　自由・平和・安全を保つためには、植民地を一七六三年の状態(2)に戻すほかないのではありませんか。

モンゴメリー将軍　そのようなことでは、イギリス軍に抵抗するために犠牲にした生命や財産は償えない。イギリスの国王・議会・国民の思い込みはかたくなで、三者はいずれも、諸君が対英優位の立場を確保するにしたがって、平和の維持に反対するようになる。また、イギリスの武器によって殺された人々の未亡人や母親、子どもたちも

(2)　一七六三年に七年戦争（新大陸ではフレンチ・インディアン戦争）が終結し、イギリスは新大陸に広大な領土を獲得することになった。この時点ではまだイギリス本国と北アメリカ植民地の関係は険悪ではなかった。しかし翌一七六四年になると、イギリスは戦争にかかった費用と新たな領土の警備費用をまかなうために、植民地に対する課税強化に着手、それ以後、植民地人は不満をつのらせた。

ちは、元の生活を取り戻せるわけでもない。しかも、諸君の同胞の血を浴びた者がアメリカの統治権を握るのである。私としては、この大陸がイギリス国王の主権をふたたび承認するのかと思うと、大陸を救うために命をささげた日が永久に嘆かわしくなってしまう。

代議員　国王と閣僚との区別が必要です。

モンゴメリー将軍　私の住む世界では、政治的な迷信はすべて取り除かれている。アメリカを抑圧するために続けてきたあらゆる措置は、国王の考案によるものである。悪しき閣僚の影響を口実にして、「国王の」それらの措置を正当化することはできない。それは、悪しき友人の影響を口実にして人殺しを正当化することができないのと同じである。人殺しは絞首台で罪を償わねばならない。諸君は皆、イギリスで議会が汚職にまみれ国民が金の亡者になっていることに不満を漏らしているが、いずれの悪の根源も国王にあることを忘れている。諸君は腐敗と拝金の潮流を嫌いながら、ほかならぬ潮流の源泉は甘受しているのである。

代議員　アメリカはイギリスから遠く離れており、勅許状(3)も持っています。ですから、国王の影響力からは守られているのではありませんか。

モンゴメリー将軍　イギリスからの距離が遠いと、諸君の危険はなおさら差し迫ったものとなる。また、諸君の破滅は取り返しのつかないものとなる。それだけのことである。勅許状は権力欲を抑制するものではない。諸君が長期にわたり危険や破滅を逃れることができた原因はただ一つ、この五十年間、アメリカがその富でイギリスおよびアイルランドを懐柔してきたからである。今後、諸君が彼らとの結びつきを保つならばイギリス政府は、アメリカ人民の象徴である富を減らすことに狙いを絞ってくるだろう。

代議員　しかし、アメリカ植民地の独立は数々の弊害をもたらすと予想されます。アメリカの貿易は、護衛してくれる海軍がないので崩壊するでしょう。また、それぞれの植民地は覇権を求めて相争《あい》い、そのために内戦が果てしなく続くでしょう。

モンゴメリー将軍　私の知るところでは、この国は神の計らいにより、地球上のあ

（3）特許状とも。イギリス国王が授ける入植許可証。勅許状を与えられるのは、共同出資の貿易会社か、一人または複数の大地主による土地管理会社。北米植民地は当初、勅許状により高度な自治を与えられたが、十八世紀になると国王は次第に勅許状の更新拒否や取り消しなどの措置により、植民地の直轄化をくわだてるようになった。

らゆる方面から邪魔者扱いされた勇気ある人々を受け入れるよう宿命づけられている。したがってそのような人々は、諸君の貿易［を断行する姿勢］に刺激されれば、おのずと諸君のところへ集まってくるだろうと思われる。諸君は他のどこの国よりも、海軍を建設するための資源に恵まれている。貿易を犠牲にして外国の海軍に保護してもらおうなどと弱気になるのは、自分の力を自覚していないからである。私の予想するところでは、航海法(4)の制約から自由になれば、この国の富はとてつもなく増大する。後世の人々は、「あの当時の貿易でも保護に値すると考えられていたのか」と、不思議に思うであろう。また、予想される植民地相互間の争いについては、実際にはその根拠はない。だが、仮に根拠があるとして、アメリカ植民地の独立を五十年先送りすれば、そうした争いは避けられるのか。そうはならない。確かに、アメリカ植民地はその弱さゆえに最初団結した。これから先も団結を保つであろう。しかし、別れることが植民地の利益にかなうとなれば、話は違ってくる。マサチューセッツ植民地はボストン港法のニュースを聞いたとき、五十年後の［増強されているはずの］軍事力があったら、姉妹関係にある植民地に救援を求めることはなかったであろう。それどころか、イギリスの全権力に対して独力で立ち向かったであろう。そして、中立的な植民地はその後、カナダの植民地と同じ運命(5)をたどったであろう。さらに付け加えると、イギリスとの結びつきがこれから先も五十年続いたならば、イギリスの（今や全面的に腐敗している）法や慣行、風習が大いに普及し、アメリカ植民地は隷属を受け入れる気になっているであろう。しかし、そうでないとすれば、アメリカ植民地が武器を手に取って独立を主張したとしても無理のないことである。これはすでにほぼ既成事実となっている。諸君の子孫に、もう一つ別の戦いを置き土産として残すとすれば、それは酷というものである。

(4) 一六五一年制定。イギリスの商品輸入はすべてイギリス船によることを定めた。一六六〇年の第二回航海法では、イギリスの植民地で生産される商品のうち指定されたものについてはイギリス以外の国への輸出が禁止された。一八四九年廃止。

(5) フランスは十六世紀以来セントローレンス川に探検隊を送るようになり、一六〇八年のケベック要塞構築で、ヌーヴェルフランスと称する恒久的なカナダ植民地の経営を開始した。しかし十八世紀になると、イギリスのアメリカ植民地との対立を招き、フレンチ・インディアン戦争（北米における七年戦争）を経て一七六三年のパリ条約でケベックを含むヌーヴェルフランスをすべてイギリスに割譲した。ペインの言う「カナダの植民地と同じ運命」には、「イギリス国王による王領化」といったような意味が込められている。

代議員　しかし統治の仕組みを一新する試みは、どれもこれも不安の種になります。非常に危険な行為ですから。

モンゴメリー将軍　名誉革命(6)はイギリスの自由に一時的な安定を与え、政体の革新をもたらした。だが、だからといって悪影響は生じなかった。革新が危険なものとなるのは、それによって人々の偏見があおり立てられるときに限られる。しかし私の確信するところ、この国ではイギリスとの腐れ縁を維持することに、あまりこだわりはないように見受けられる。ただし、自分の私情や地位にこだわる連中だけは例外だが。

代議員　しかし、私たちと同じ言葉を話し、同じ法律・宗教・統治形態を共有している国民との間で関係維持を望むのは、自然なことではないでしょうか。

モンゴメリー将軍　不滅のモンテスキュー(7)は次のように説いている。自分たちの国の政体を維持するつもりなら、同盟を結ぶ相手は、宗教・法律・風俗習慣ができるだけ異なっている国の中から選ぶべきである、と。それに、諸君がイギリス国王に服属していると、イギリス国民は何の利益も得られない。それどころか損失をこうむる。というのも、諸君が服属を続けていると、国王の権力と影響力が増大するからである。イギリス国民に利益をもたらすのは諸君の貿易だけだが、そのような貿易が可能になるのは、諸君がイギリス国王から独立した後のことである。仮に諸君がイギリスの国王と国民による諸君の奴隷化を不問に付す気になっても、彼らのほうでは奴隷化のくわだてが挫折したことについて諸君を赦すことは決してあるまいが。

代議員　しかし、イギリスの上下両院にはこちらの味方が大勢いますが。

モンゴメリー将軍　イギリス議会に野党議員が大勢いることを指しているのであろう。彼らはアメリカの大義にかこつけて、かまびすしい声を上げ、政権を狙っているのである。チャタム卿[8]［大ピット］の懐柔的な法案が議会を通過していたら、それはノース卿[9]の動議以上に効果的に諸君を壊滅状態に追い込んでいたであろう。ロッキンガム侯爵[10]は宣言法案[11]の起草者であった。ウィルクス氏[12]は、諸君の大義が根拠薄弱でし

（6）ピューリタン革命後の王政復古期にジェームズ二世が専制を強化したのに対し、反発した議会がジェームズの娘で新教徒のメアリーとその夫でオランダ総督のウィレム三世を招き（一六八八年）、翌年、二人を共同の王位に迎えたことを指す。これによりイギリスの立憲王制が確立した。

（7）モンテスキュー（Montesquieu）（一六八九〜一七五五年）。フランスの啓蒙思想家。主著『法の精神』（一七四八年）で三権分立の意義を説いた。

かも破廉恥であると言い足した。アメリカの少数派は――少数派という言い方が正しいとしての話だが――グラフトン公爵[13]とリトルトン卿[14]によってこれまで以上に卑小なものとして描き出された。

代議員　しかし、独立すれば私たちは共和制《コモンウェルス》になるのでしょう?

モンゴメリー将軍　私は、イギリスから独立することが諸君の利益にかなっていると主張しているのであって、新しい統治形態については何も推奨していない。世界最強の国から身を守るための力が十分にありながら、完全で自由な統治形態を考案するための英知を欠いているとしたら、それは奇妙なことであろう。諸君がイギリス国王に対する服従を続けてきたのは奇跡である。諸君の自由はこれまで、首の皮一枚で命脈を保ってきた。諸君のイギリスとの結びつきは不自然かつ不必要である。統治機構におけるすべての歯車の回転は、機構内部で自己完結するのが筋である。私が言いたいのは、君主制および貴族制はいつの時代においても隷属をもたらしてきた、ということである。

代議員　イギリスから独立した場合、私たちの政府は力と権威を欠くと思われますが。

モンゴメリー将軍　そのような見解には反論したい。大陸会議の決議は、これまで誰もが忠実に遵守してきた。その点では、イギリスのいかなる勅令にもいかなる法令

---

(8) チャタム卿（William Pitt the Elder, 1st Earl of Chatham）（一七〇八〜七八年）。大ピットとして知られるイギリスの政治家。一七三五年、庶民院議員。一七五六年、事実上の首相となり、英仏間の七年戦争（一七五六〜六三年）では、インドおよび北米でフランス勢力の駆逐を図った。一七六六年、首相に就任、チャタム伯に叙せられたが、六八年、健康を害し辞任。

(9) ノース卿（Frederick North, 2nd Earl of Guilford）（一七三二〜九二年）。イギリスの政治家。首相在任中（一七七〇〜八二年）、北米植民地の動揺を抑えることができず、アメリカ独立（一七七六年）を許した。

(10) ロッキンガム侯爵（Marquess of Rockingham, Charles Watson-Wentworth）（一七三〇〜八二年）。ホイッグ党の政治家。イギリス首相（一七六五〜六六年、一七八二年）。第一次内閣を組織したあと印紙法を撤廃するなど、対アメリカ植民地友好政策の推進を目指したが、国王の不興を買って辞任に追い込まれた。

(11) 宣言法（Declaratory Act）の法案。同法は、印紙法廃止（一七六六年）の際に制定され、「いかなる場合でもイギリス本国は植民地に対して拘束力を持つ」と規定している。

(12) ウィルクス氏（John Wilkes）（一七二七〜九七年）。イギリスの政治家。政論家。一七五七年、庶民院議員。自由主義の立場から政府批判を繰り返し、議会から除名された（のち復職）。一七七四年、シティ・オブ・ロンドンの市長。

にも劣らない。私はアメリカ植民地の勇気を高く評価する。イギリスのやせこけた胸に依然としてへばりついている植民地が一つもないとすれば、時は熟したと考えるべきである。今やアメリカ植民地は、いかなる統治形態にも嬉々として臨む気概を持つべきである。各人が愛国者ないし英雄になれるのは、共和制の国においてだけである。それを忘れてはいけない。アリステイデス、[15] エパメイノンダス、[16] ペリクレス、[17] スキピオ、[18] カミルス[19]など、ギリシャ、ローマの数知れぬ英傑たちも、もし王政のもとで一生を送ったならばその名を世界にとどろかせることはなかったであろう。

代議員　独立を宣言した場合、イギリスにいる私たちの味方は勢力を失い、敵は怒りをつのらせるのではありませんか。

モンゴメリー将軍　諸君のいう味方とやらは数が少なすぎる、というか分散しすぎている。しかも、あまりにも利己的である。だから諸君の助けにはならない。しかるに敵はこれまで悪の限りを尽くしてきた。彼らの手にかかって諸君は、町を次々と焼かれ、郷土を荒らされ、妻子をなぶり殺しにされてきた。彼らはその際、「傭兵として雇われた」ロシア人やハノーファー人、ヘッセン人、カナダ人、インディアン、黒人の助けを借りた。諸君はもうこれ以上何も恐れる必要はない。立ち上がるがよい。

そして、大陸会議にみずからの重要性を自覚させよ。諸君には、無駄に過ごす時間は

---

(13) グラフトン公爵（Augustus Henry Fitzroy, 3rd Duke of Grafton）（一七三五〜一八一一年）。イギリスの政治家。首相（一七六八〜七〇年）。閣内のベッドフォード派の圧力に屈してアメリカ植民地に対して強硬姿勢をとることを余儀なくされた。

(14) リトルトン卿（Thomas Lyttelton〔Lyttletonと綴ることも〕, 6th Baronet, 2nd Baron）（一七四四〜七九年）。ホイッグ党所属の庶民院議員。一七七五年、枢密顧問官。

(15) アリステイデス（Aristeides）（紀元前五三〇〜前四六八年頃）。アテナイの政治家、軍人。サラミスの海戦で活躍。デロス同盟の成立にあたり、各都市の納める税金の査定を公正におこなったことで称えられた。

(16) エパメイノンダス（Epameinondas）（紀元前四一八頃〜前三六二年）。テーバイの将軍、政治家。紀元前三七一年、レウクトラの戦いでスパルタ軍を破り、ギリシャにおけるテーバイの優位を決定的にした。人格高潔の士として知られる。

(17) ペリクレス（Perikles）（紀元前四九五〜前四二九年）。アテナイの政治家。国内では民主政治を実現、対外的にはスパルタに対するアテナイの海上覇権の確立を図った。ペロポネソス戦争勃発後、病没。

(18) スキピオ（Scipio）（紀元前二三六〜前一八四年）。ローマの将軍。紀元前二〇四年、シチリアからアフリカに上陸、前二〇二年、ザマでハンニバル率いるカルタゴ軍を破り、第二次ポエニ戦争を終結させた。征服した国にちなんでアフリカヌスと称せられる。

ない。フランスは先の戦争でこうむった損害の恨みを晴らそうと、ひたすら諸君の独立宣言を待ち望んでいる。だが、諸君を相手にこれ以上議論するのは差し控えよう。天命はついにくだされたのである。イギリスとアメリカは今や別個の一大帝国なのだ。諸君の国には愛国者、勇士、立法者があふれ、勇躍世の光、世の柱になろうと胸をはずませている。今後諸君が達成する成果は、イギリス史の書物に書き込まれることはない。神が全ヨーロッパ、全世界、いや、天使たちの注目をも現在の紛争に引きつけようとしているのは、故《ゆえ》なきことではない。天国の住人も、この世のあらゆる自由と真の宗教を受け入れる避難所が完成するのを待ち望んでいる。アメリカ植民地が独立を宣言する日は、自由の祭壇にみずからを生贄としてささげた勇士たち（ハムデン[20]、シドニー[21]、ラッセル[22]、ウォーレン[23]、ガーディナー[24]、マクファーソン[25]、チーズマン[26]等々）を祭る日となるであろう。私はエイブラハム平原[27]で斃《たお》れたとき、勇猛なウルフ将軍[28]のように勝利にいだかれて死ねなかったことを思い、はなはだ無念であった。だが今はもう、彼の栄光をうらやましいとは思わない。私は、専制帝国の拡大にしか役立たない征服の戦いから生還するよりも、少数の民衆のために永遠の自由を獲得しようと試みながら息絶えるほうをよしとする。今、勇士の一団が私に向かって手招きし

ている。最後に一言だけ付け加えよう。人類はアメリカを舞台として、空前絶後の軍

(19) カミルス (Marcus Furius Camillus) (紀元前四四六〜前三六五年)。ローマの政治家。独裁官を五度にわたって務める。前三六七年、アルバ近くでガリア人を撃破。

(20) ハムデン (John Hampden) (一五九四?〜一六四三年)。イギリスの政治家。一六二一年、庶民院議員となる。一六三四年、チャールズ一世の船舶税に反対した。

(21) シドニー (Algernon Sidney) (一六二三〜八三年)。イギリスの政治家。一六四五年、長期議会で庶民院議員となる。ピューリタン革命時は議会側につき、鉄騎隊の士官として活躍。クロムウェルが一六五三年、護国卿として軍事的独裁政治を始めると、抗議して隠棲。ライ・ハウス事件(一六八三年)に関与したかどで有罪判決を受け、ラッセルらとともに死刑に処せられる。

(22) ラッセル (William Russel) (一六三九〜八三年)。ホイッグ党の政治家。王政復古時代に庶民院議員となる。ライ・ハウス事件に関与したかどで死刑に処せられる。

(23) ウォーレン (Joseph Warren) (一七四一〜七五年)。マサチューセッツ出身の医師、軍人。イギリスの植民地政策に反抗して立ち上がったボストンの愛国者を指導。独立戦争が始まると、バンカーヒルの戦いに参加、戦死。

(24) ガーディナー (James Gardiner) (一六八八〜一七四五年) のことか。スコットランド出身でイギリスの軍人。一七四五年、ジャコバイト (名誉革命で亡命したジェームズ二世とその子孫の復位を支持する反動勢力) が叛乱を起こした際、鎮圧作戦に参加して戦死。

事上、政治上、文芸上の栄光を得るであろう。これ以外に言うべきことはない。

(25) マクファーソン（John Macpherson）（一七五〇?〜七五年）。フィラデルフィア出身。モンゴメリー将軍の副官。ケベックの戦いで戦死。

(26) チーズマン（Jacob Cheeseman）（?〜一七七五年）。ニューヨーク第一連隊の隊長。モンゴメリー将軍の副官。ケベックの戦いで戦死。

(27) カナダ・ケベック市西部の、セントローレンス川を見下ろす平原。英仏間の七年戦争中の一七五九年、ウルフ将軍率いるイギリス軍がこの地でフランス軍を撃破、ケベック占領への道を拓いた。

(28) ウルフ将軍（James Wolfe）（一七二七〜五九年）。イギリスの軍人。七年戦争中、カナダに派遣される。ケベック攻略の指揮を執ったが、戦死。

解説

角田安正

トマス・ペインをアメリカとの関係で紹介するとすれば、次のようになろうか――アメリカ独立革命の重要な立役者で、小冊子『コモン・センス』によりアメリカ人を独立に向けて奮い立たせたイギリス人。アメリカでは、ペインは小学校の教科書にも登場するような著名人である。初等教育を国内で受けていない移民を例外とすれば、ペインのことを知らないアメリカ市民はいないだろう。

ひるがえってわが国ではどうだろう。高等学校の世界史でアメリカ独立革命のことをみっちり勉強した人でも、トマス・ペインという名前は知らないかもしれない。それもそのはず、高等学校世界史Bの教科書（山川出版社）の本文にペインのことが記述されるようになったのは、二〇〇三年のことである。それまでペインと『コモン・センス』は脚註で扱われていた。訳者が高校生時代に使った教科書（一九七四年発行）にいたっては、ペインの名前は脚註にすら見当たらない。

というわけで最初に、アメリカにやって来るまでのトマス・ペインについて簡潔に紹介する必要がありそうだ。ペインは一七三七年一月、イギリス・ノーフォーク州のセットフォードというさびれた町に生まれた。後に妹が生まれたが夭逝したので、ペインは事実上の一人っ子である。父親は一介の、コルセット（胴着）を作る職人であった。母親は大変な気分屋だったらしい。金銭的に恵まれた一家ではなかったこともあり、ペインにとって家庭は楽しい居場所ではなかったようだ。

七歳になるとペインはグラマースクールに入学した。ラテン語を始めとする主要科目よりもむしろ詩作を好み、自然科学（数学や力学）の勉強にも励んだ。しかしここでの勉学は、十三歳のときに断念しなければならなかった。家計が逼迫《ひっぱく》してきたからである。ペインはそれ以来、父親の見習いとしてコルセット作りを手伝うことになった。

コルセット作りによる身過ぎ世過ぎはその後、ペインが二十四歳になる一七六一年まで続いた。ただしその間、一七五六年からの約一年間は例外である。十九歳のペインは私掠《しりゃく》船「プロイセン王」号の乗組員となり、英仏間の七年戦争に参加した。ペインはその間、フランス商船を拿捕《だほ》する作戦にも参加している。しかし翌年（五七年）には私掠船を降りて地上の生活に戻り、ロンドンで再びコルセット職人として生計を立てるようになった。

二度目のコルセット職人時代については、特筆すべきことが二点ある。第一に、ペインはロンドンで学識ある人たちと知り合いになり、彼らからヴォルテールやルソーの思想について手ほどきを受けた。ペインはこのとき身につけた知識を、のちの文筆活動に大いに役立てた。第二に、ペインはこの時期に結婚している。それはロンドンからドーヴァーに移った後、一七五九年九月のことであった。もっとも、翌六〇年の末に新婦メアリーが急死、幸福な結婚生活は長くは続かなかった。ペインは、七一年にエリザベス・オリブという女性と再婚しているが、この女性とは三年後に別居（事実上の離婚）に至り、その後は誰とも結婚していない。ペインは子どもにも恵まれなかった。家庭という安らぎの場を得られなかったことは、ペインの性格を狷介《けんかい》なものにする方向に働いたように思われる。それは晩年の寂しい暮らしの一因ともなった。

一七六一年夏、二十四歳のペインはコルセット作りに見切りをつけた。新たに選んだ職業は収税吏《しゅうぜいり》である。ペインは短い見習い期間を経て、翌六二年の十二月、リンカンシャー州グランサムで正式に収税吏となった。勤務態度は基本的には真面目だったようだ。六五年八月、たまたま規定の審査手続きを省略したのが発覚、あえなく免職となったが、六八年二月にサセックス州ルイスで復職を果たしている。だが、せっかく復職したにもかかわらずペインは、その六年後（七四年四月）には再び解雇されてしまう。収税吏の待遇改善運動の先頭に立ったために、当局に疎《うと》んじられたのである。しかし、ペインは運動の過程で、『収税吏の窮状』と題する小冊子を書き、上下両院議員に送るなど貴重な経験を積むことができた。こうした経験はアメリカに渡った後、文筆家として身を起こすのに役立つことになる。

免職後ロンドンにやって来たペインは、当時イギリスに滞在していたベンジャミン・フランクリンの知遇を得た。言うまでもなくフランクリンはアメリカの大物政治家にして外交官であり、またジャーナリストでもあった。下級官吏にすぎなかったペインがどのような経緯でフランクリンのような大立者と知り合ったのか、正確なところは分かっていない。はっきり分かっているのは、フランクリンがペインに船賃を貸し与え、かつ女婿《じょせい》宛ての紹介状を持たせてやったという事実だけである。ペインは七四年十月、アメリカに向けて急ぎ出発した。このときペインは三十七歳になっていた。

同年十一月の末にフィラデルフィアに到着したペインは、早速フランクリンの女婿のもとを訪問した。そして、地元の名士を次々に紹介してもらっているうちに、『ペンシルヴェニア・マガジン』という月刊誌の創刊を手伝うことになる。ペインは創刊号のために執筆した巻頭論文によってその文才を認められ、同誌の編集者として雇われた。これがペインの本格的な文筆活動の始まりである。以後、ペインは地元の新聞や雑誌、小冊子に、次々と時事評論を執筆していった。

ペインがアメリカに到着したとき、北アメリカ植民地はイギリス本国との関係において重大な局面に立たされていた。一年前（一七七三年十二月）には、かのボストン茶会事件が起こっている。マサチューセッツ植民地の急進派市民が、ボストン港に停泊していた東インド会社の船舶から大量の茶箱を海に投げ捨てた、あの事件である。市民は、イギリス本国が茶法の制定により東インド会社に、北米植民地において茶を独占的に販売する権利を与えたことに憤ったのであった。だが、植民地側の不満は茶法の制定に端を発するわけではない。植民地人はそれより前から不満をつのらせていた。その原因は、イギリスが砂糖法（一七六四年）や印紙法（一七六五〜六六年）を制定するなど、北アメリカ植民地に対する課税を強化したことにある。イギリスは一七六三年に終結した七年戦争（フレンチ・インディアン戦争）により、北アメリカの広大な領土（カナダ）をフランスから奪い取ったものの、戦後はそれを維持するための警備費を必要とするようになっていた。また、七年戦争の戦費も負債となって重くのしかかっていた。北米植民地においてイギリスが一七六三年を境に課税をいちじるしく強化した背景には、このような事情があった。

イギリス本国の課税強化策に対して植民地側は、イギリス本国の議会に代表を送っていないのだから本国議会から課税されるいわれはないと主張した。「代表なくして課税なし」の原理である。そして一七七四年九月、十三植民地の代表から成る第一回大陸会議を招集、植民地の自治と自由の回復を決議した。イギリス本国はこれに態度を硬化させ、それがまた植民地側を刺激した。悪循環である。こうして七五年四月、ボストン近郊でイギリス正規軍と植民地側の民兵との衝突が起こった（レキシントン・コンコードの戦い）。これを境に植民地の反英抗争は、本格的な武力闘争に突入した。

この時点では植民地側はまだ闘争の最終目標として必ずしもイギリスからの独立をかかげていたわけではない。しかし人心は、武力抗争が長引くにつれて次第に独立へと傾斜し始めた。それというのも、イギリス本国は植民地政策を変更する気配すら見せず、武力で事態の収拾を図ろうとする構えを崩さなかったからである。ペインが一七七六年一月、『コモン・センス』を通じてアメリカ独立の正当性と必要性を唱えたときには、すでにアメリカ独立の気運はかなり熟していたように思われる。『コモン・センス』は期せずして絶妙のタイミングで刊行されたことになる。匿名のイギリス人執筆という体裁の小冊子は、飛ぶように、と言うか爆発的に売れた。刊行から三カ月間での発売部数は十二万部。当時の十三植民地の白人人口が約二百万人だったことに照らせば、『コモン・センス』が途方もないベストセラーだったことが分かる。

『コモン・センス』をきっかけとして、十三植民地（特に、マサチューセッツとヴァージニア）では、イギリス王政に対する批判とアメリカ独立の正当性が公然と論じられるようになった。一七六三年以前の状態への復帰を求める議論は勢いを失った。『コモン・センス』はアメリカの歴史（ひいては世界の歴史）を大きく動かした、と言えそうだ。

ペインは『コモン・センス』においてどのようなことを主張したのであろうか。

第一に、『コモン・センス』はジョン・ロックの社会契約論の応用編といった趣《おもむき》がある。ペインはまず「著者はしがき」で、「暴力的な権力の濫用が長いあいだ続く場合、一般的にはそれだけでも、その正当性に対して異議を唱える根拠になる」（一五ページ）と強調し、ロックの唱える抵抗権の概念を持ち出している。権力に関するこのような見方は、国家一般を必要悪と見なす姿勢とセットになっている。ペインは言う。「社会は人間の必要を満たすために形成され、国家は悪を懲らすために形成される。社会が人間の心と心を結びつけることによって人間の幸福をますます高めるのに対し、国家は悪を抑制することによって幸福の低下を防ぐ」（一八ページ）。ここにも、自然状態を望ましいものととらえるジョン・ロックの影響が読み取れる（ただしペインは――自身が晩年語ったところによると――ロックの著作は読んだことがないらしい。ロック的な物の見方は耳学問で学んだのかもしれない）。

ペインは『コモン・センス』の前半（第一章・第二章）において、ジョン・ロック的な社会契約説を暗黙の前提として、イギリスの王政、さらには王政一般に対する批判論を展開している。

イギリスの政体についてペインは、国王・貴族院・庶民院による混合統治の形式により絶対王政を防いでいるかのように見えるが、実はイギリスの王政はフランスの絶対王政と本質的に変わらないと強調する。なぜならばイギリス国王は地位および俸禄の分配や、法案に対する拒否権などの手段により議会を統制し、議会を通じて自分の意志を法律にすることができるからだ。このような実情を、ペインは別の表現を用いて次のように要約している。「イギリスの政体が病んでいるのはなぜか。理由は一つしかない。君主制が共和制を毒し、王権が庶民院を牛耳っているからだ」（五〇〜五一ページ）。

ペインの批判の矛先は君主制一般にも向けられている。論拠はいたって平明である。ペインは自信をもって断言している。「ひとりの人間を他の人間のはるか上に立たせることは、各人に平等に与えられた自然権にもとづくなら、およそ正当化できない」（三三ページ）。ペインが君主制に反対するために掲げる論拠は、自然権だけではない。ペインは旧約聖書も利用する。そして、古代ユダヤ人は王政を求めて共和制を捨て、結局は王の専制に苦しむことになったではないかと、読者に訴えかける。このように自説の論拠として聖書を引用するのは、当時の文筆家の常套手段であった。

王政とセットになっている世襲制もやり玉にあげられている。ペインは王位の世襲を「愚行である」として一蹴する。その論拠としてペインは、「自然界が人類に対しライオンではなくロバを与えることによって世襲制をあざ笑うような事態」（四一ページ）が頻繁に起こっていると指摘し、王統にしばしば愚鈍な人物が出現することを皮肉っている。

ペインのこうした主張は現代人にとってそれほど斬新なものではない。むしろありきたりとも言えよう。現代の読者にとって学ぶべき点があるとすれば、後の世代の利益を重視する姿勢ではないだろうか。ペインは王政を批判するにあたり、世襲にもとづく王政を認めれば自分たちの子孫の権利をも侵害することになると強調している。このように、後の世代の利害まで視野に入れて事の是非を論じようとするペインの姿勢は、『コモン・センス』においてひときわ目立つ。これについては後でもう一度触れよう。

さて、ペインは王政および世襲制の不合理性を容赦なくあばいた後、今度はイギリスとアメリカとの関係を考察する（第三章）。ペインはまず、アメリカが独立するのに十分な経済的繁栄を享受していることを強調し、それを大前提としてイギリスと訣別すべきであると断言する。イギリスを保護者や親になぞらえる対英和解派の議論に対しては、以下の理由を挙げて反論している。（一）イギリスは思いやりではなく打算を動機として行動しているのにすぎないし、そもそも子に対して蛮行を働く者は親ではない。（二）イギリスに従属、依存していると、イギリスの同盟者と見なされヨーロッパの戦争に巻き込まれる危険がある。(三) 地理的にあまりにも遠いイギリスには、そもそも効率的なアメリカ統治は期待できない。また、イギリスのような島国がアメリカのような大陸国を支配するのは不合理である。(四) イギリスによる統治が骨抜きになっているのに、アメリカが植民地の地位にとどまれば、自前の法律が制定できないので無政府状態を招くことになる。

ペインはこうした独立論に現実味を持たせるべく、独立のための手続きや独立後のアメリカの政体にまで踏み込み、萌芽的なものではあるが独自の憲法草案も示している。

『コモン・センス』の結論部分(第四章)においてペインは、今こそ独立するべきであると檄を飛ばし、その理由を挙げる。(一) 十三植民地が団結すれば、自衛のための陸上兵力は現状でも十分そなわっている。(二) イギリスと訣別しても、国富を守るのに必要な海軍力を整えることはできる。なぜなら、艦艇を建造するための天然の資材はそろっているし、沿岸防衛に重点を置くならば多額の費用はかからないから。(三) 今はまだ人口が少なく、占有されていない土地が多いので、[それを政府が民間に払い下げるなどすれば] 恒常的に財政を潤すことができる。(四) 今後、商業が発展するにつれてアメリカでは愛国心と国防意識が薄れる可能性がある。また、五十年もすれば植民地相互間の利害が対立するような事態もあり得る。

この章を締めくくるにあたりペインは、アメリカがイギリスの臣下という立場に甘んじている限り、どこの国も英米間の紛争の調停には乗り出さないだろうと予測し、アメリカにとって独立以外に進むべき道はないと、あらためて強調している。ペインにとってアメリカ独立は常識（コモン・センス）であった。

このような檄に促されてアメリカでは、独立への気運が急速に高まった。アメリカの社会ないし政治体制の変革を促したという点で、『コモン・センス』に勝《まさ》る書物はほとんどない。あるとすれば、ストウ夫人（一八一一〜九六年）の『アンクル・トムの小屋』（一八五二年刊）だけであろう。『コモン・センス』は体裁こそ小冊子だが、その社会的影響力という点では重量級の著作と見なすことができる。

急いで付け加えると、『コモン・センス』の影響力が大きかったからといって、アメリカの世論は独立に向けて完全に統一されたというわけではない。富裕層は自分の資産を守ろうとするから、一般的に保守的である。それは当時のアメリカにも当てはまり、彼らは対英和解論から脱却できずにいた。したがって一七七六年六月、イギリス艦隊来襲の報がもたらされたとき、富裕層を中心に動揺が広がったのは、やむを得ないことであった。こうした状況に直面した独立推進派は、アメリカ世論の統一を図る必要に迫られた。ペインが本書所収の『対談』（一七七六年六月）を書いたのは、そうした状況においてであった。『対談』は、戦死したばかりのモンゴメリー将軍があの世から地上に戻り、アメリカ独立の妥当性、必要性を対談相手に力強く説くという形になっている。モンゴメリー将軍の主張には、『コモン・センス』の主題が変奏曲のように繰り返されている。

ペインは『対談』においても『コモン・センス』においても、事の是非を判断する際、遠い未来をも視野に入れている。すでに指摘したことだが、ペインはアメリカ独立論を唱えるにあたり、自分たちの世代ばかりではなく子々孫々の利益を重視せよと、何度も繰り返している。たとえば、次のように主張している。「独立を欠いたのでは、いかなる方策も単なる弥縫《びほう》策にすぎない。それは永続的な幸福をもたらさない。それは、私たちの子孫を戦禍にゆだねるのに等しい」（七一ページ）。言い換えるなら、こういうことだ。いずれ独立戦争は避けられないのだから、今こそ決着をつけるべきだ。それを怠るのは戦争を子孫に押しつけるのに等しい。そのような事態を避けることこそが我々の世代の責務である――。このように、何世代か先まで見すえて事を論じるところに、政論家としてのペインの特徴がある。

現代人が『コモン・センス』から学ぶべき教訓があるとすれば、このように、物事の是非を判断するにあたり何世代か先の、子孫の利益に照らして事の是非を判断するという姿勢であろう。ペインは次のように呼びかけている。「私たちはおのれの義務の筋道を正しく知るために、自分たちの子孫に対する責任を引き受け、観測点を何年も先に設定して世の中をのぞくべきである」（六四ページ）。これは現代の日本人にとって耳の痛い忠告になっていないだろうか。わが国において子孫への配慮を欠いている問題とは何か？　最も深刻な問題の一つとして、国のかかえる異常なまでの債務残高が思い浮かぶ。日本は今やＧＤＰの二倍半に達する債務（千百兆円）を抱えている。これは借金を子孫に押しつけているのにほかならない。わが国のこのような事態を知ったらペインはどのように反応するであろうか。きっと、「イギリス国王は植民地人に対して酷薄だったが、君たち日本人は自分の子孫に対して、それ以上に酷薄である」と、厳しい叱責の言葉を投げかけてくるのではないか。環境問題やエネルギー問題についても同じことが言えるであろう。

政論家としてのペインにはもう一つ特徴がある。それは人道主義である。本書に収めた作品の中で、そうした特徴をもっとも顕著に示しているのは『厳粛な思い』（一七七五年十月）である。この短い文章においてペインは、イギリスの所業を厳しく断罪している。イギリスの所業とは、アメリカ先住民に対する卑劣な態度（植民地人と戦わせるために先住民をそそのかしていること）や、アフリカからの黒人奴隷の輸入である。特に後者についてペインは「どれほど野蛮な国でもこのようなことには手を出さない」（一五八～一五九ページ）と痛烈な批判を浴びせている。ここには、政治問題を考察するにあたり社会福祉や社会保障にまで目配りしようとする後のペインの姿勢が、先駆的に表れているように思われる。

ところでペインは、生まれてから三十七歳になるまでイギリスに住んでいたれっきとしたイギリス人である。にもかかわらずアメリカに渡ってからわずか一年余りでアメリカ独立論の急先鋒になった。それはどういうわけなのか。ペインの伝記をあれこれひもといてみても明確な説明は得られない。推定のヒントになるものがあるとすれば、それはやはり『コモン・センス』そのものであろう。すでに述べたとおり、ペインは『コモン・センス』において、イギリス王政の不合理性を徹底的に攻撃している。

ペインが理想とするのはオランダやスイスのような共和国である。ペインがイギリス王政に愛想を尽かしたのは、ジョージ三世（在位一七六〇〜一八二〇年）の初期の治世を目の当たりにしたからだと思われる。一七六〇年に即位したジョージ三世は、特に六三年以降、専制政治を復活させる気配を見せ、その結果、社会は不穏な状態に陥った。二十代初めにルソーやヴォルテールの思想を学んだことのあるペインは、もともと共和制に関心を抱いていたと思われる。アメリカに渡る前、イギリス王政の欠陥を認識したことにより王政の廃止と共和制の実現を願うようになっていたとしても不思議ではない。そしてアメリカに渡ってからは、そうした願望をアメリカ独立に仮託したのであろう。ペインの目に映ったアメリカは、経済、軍事、人口動態などの点でイギリスから独立するための条件を十分にそなえており、その独立は決して夢物語ではなかった。しかもアメリカは、イギリスから独立すれば共和制を実現できる状況にあった。イギリス本国ではおよそ期待できない共和制が、アメリカでは実現する可能性をはらんでいる。そう確信したときから、共和制を理想とするペインにとってアメリカ独立こそが最優先の課題となり、イギリス人としてのアイデンティティは二の次になったのではないだろうか。このように仮定すれば、ペインがイギリス人であったにもかかわらず、アメリカ独立を熱烈に支持した理由は説明がつくように思われる。

『コモン・センス』を執筆、出版したあとトマス・ペインはどのような運命をたどったのであろうか。まず、独立宣言（一七七六年七月）の直後、革命軍に加わったことが特筆される。当時、革命軍の旗色はきわめて悪かった。八月、ロングアイランドの戦いで敗れた革命軍はその後、ニュージャージー州を西南方向に下る形で退却を続け、十二月にはデラウェア川を渡りペンシルヴェニア方面に逃げ込んだ。

敗走する革命軍部隊の中にはペインもいた。ペインは革命軍の将兵を鼓舞するために檄文を執筆した。それが、本書にも収めた『アメリカの危機』第一号（一七七六年十二月）である。革命軍を率いるワシントン将軍（のちの大統領）は、十二月二十五日反撃に出る直前に、「今、人間の魂が試される時が来た」という文言で始まるこの檄文を兵士に読み聞かせたと伝えられる。革命軍の奇襲は成功し、よもやクリスマスの攻撃はあるまいと油断していたイギリス軍（厳密に言うとドイツ人傭兵部隊）は、あっさりと降伏に追い込まれた。戦局はこの戦いを境に反転した。ペインの筆の力がふたたびアメリカの運命に大きな影響を及ぼしたのである。

この戦いから七年後の一七八三年、アメリカの独立はパリ条約によって最終的に確定した。目標を達したペインは、ニュージャージー州ボーデンタウンで半ば隠遁生活を送るようになった。だが、ペインはまだ四十六歳であった。身内から湧き上がる活動の欲求を抑えることはできなかった。ペインは一七八五年頃からまったく意外な方面に活躍の場を求めるようになった。なんと鉄橋の設計および建設に情熱を傾けるようになったのである。鉄橋の建設は恐らくグラマースクール時代からの夢だったのであろう。ペインは夢の実現を目指して一七八七年にフランスに渡り、その後は数カ月単位で英仏両国を往復するような生活を送っている。当時の英仏両国は学問と技術の水準においてアメリカを大きくリードしていたのである。

だが、渡仏を繰り返すうちにペインはふたたび政治と密接にからむようになる。フランス大革命の目撃者となったのだ。いや、正確に言うと当事者になったのである。どのような経緯からそのようなことになったのか。ペインは、イギリスの保守思想家エドマンド・バークが一七九〇年、『フランス革命についての省察』を著してフランス革命を批判したことに憤慨。反駁《はんばく》するために『人間の権利』を執筆した（第一部は九一年に、第二部は九二年に刊行）。同書は世襲にもとづく王政を徹底的に論難することを趣旨としていたので、ペインはイギリスの官憲から叛逆の疑いを持たれることになった。こうした中ペインは、革命真っ只中のフランスで、成立したばかりの国民公会の議員に選出された（一七九二年九月）。外国人でありながら、それまで「自由の闘士」として活躍してきたことが評価されたのである。ペインは、このときすでに五十五歳になっていたが、イギリス国内での逮捕を避けるために国民公会の決定に応じ、カレーに渡った。翌月（十月）にはフランス憲法制定委員会のメンバーになるなど、ペインはあれよあれよという間に、フランス革命の渦中に重要な当事者として巻き込まれていった。ちなみに、フランス憲法制定委員会にはシェイエス、ダントン、コンドルセらの有力者もいた。

フランス革命の過程でペインの身に起きた最大の事件は、国民公会議員になってから約一年後、一七九三年十二月の逮捕、投獄であろう。これは、国民公会でルイ十六世の助命嘆願をおこなったためにジャコバン派の怒りを買ったことによる。ペインは結局、一年後の九四年十一月、ジェームズ・モンロー駐仏アメリカ公使の努力で釈放され、死刑はまぬかれた。五十七歳になっていたペインは、辛い獄中生活のせいですっかり衰弱していた。釈放から一年半の間、モンロー邸での療養を余儀なくされている。

ペインはそれでも文筆活動を続けた。かつてのような華々しい活躍はできなかったが、一七九五年には『理性の時代』第二部を執筆、刊行している（第一部は九三年末、逮捕直前に脱稿している）。

晩年のペインは、ついの住みかをアメリカに求めた（一八〇二年）。落ち着き先はニューヨーク州ニューロシェル。ペインはこのときすでに六十六歳、老境にあった。ペインの晩年はあまり幸せなものではなかった。まず、血のつながった家族がいなかった。また、狷介な性格に妨げられたのであろう、心を許せる友人もいなかった。しかも、無神論者と誤解されたために、近隣の住民と良好な関係を築くことができなかった。『理性の時代』で理神論を支持したことがわざわいしたものと思われる。さらには、アメリカ市民権がないという理由でニューロシェルの地方選挙において投票を拒否されるというトラブルにも見舞われた。

それればかりではない。ペインは得意の文筆を生かすのにふさわしい場を見出すことができなかった。独立革命から四半世紀が過ぎ、アメリカ社会はよく言えば安定化、悪く言えば保守化の様相を示していた。ペインのような急進的な言論人を受け入れる余地は狭まっていたのである。ペインを相手に論戦を挑んでくるのは三流の人物ばかりであった。そのような連中との罵り合いのような論争を辞さなかったペインは、かえってみずからの品位を落とすことになった。ペインにとってこうした事態はまことに不本意なことであったろう。

年老いてからこのような境遇に置かれたのでは、健全な精神、健全な肉体を保つのはむずかしい。一八〇六年夏の卒中の発作からは辛うじて立ち直ったものの、それ以降ペインは衰えるばかりであった。一八〇九年一月、死を覚悟したペインは遺書を作成、それから半年も経たないうちにこの世を去った。

（付記。小松春雄著『評伝トマス・ペイン』（中央大学出版部）を参照させていただいた。）

トマス・ペイン略年譜

＊は関連事項を示す。

一七三七年
イングランドのノーフォーク州セットフォードで、クエーカー教徒の一家に生まれる（一月二九日）。

一七四四年　七歳
グラマースクールに通い始める。

一七五〇年　一三歳
グラマースクール退学。父親のもとでコルセット（胴着）製作の見習い職人となる。

一七五三年　一六歳
家を出て船の乗組員になろうとする。

一七五五年　一八歳
＊ルソー『人間不平等起源論』出版。

一七五六年　一九歳
七年戦争の勃発を受けて乗組員を募集していた私掠《しりゃく》船に乗る。

一七五七年　二〇歳
私掠船を降りる。ロンドンでコルセット職人として働く。この頃からヴォルテールやルソーの思想について、教養ある知人たちから手ほどきを受けるようになる。

一七五九年　二二歳

二月、ドーヴァーに移り、コルセットを販売するために店を構える。九月、メアリー・ランバートと結婚。

一七六〇年　二三歳
一二月、妻メアリーが急逝。ロンドンの収税吏養成所に通い始める。＊ジョージ三世即位。

一七六一年　二四歳
夏、故郷セットフォードで収税吏見習いとなる。

一七六二年　二五歳
一二月、収税吏としてリンカンシャー州グランサムに赴任。＊ルソー『社会契約論』出版。

一七六三年　二六歳
＊七年戦争終わる。北米植民地に対するイギリスの課税強化へ。

一七六五年　二八歳
八月、職務上の違法行為を理由に免職処分に。＊八月、アメリカで印紙法施行。

一七六六年　二九歳
ロンドンで外国人に英語を教えて糊口をしのぐ。

一七六八年　三一歳
二月、サセックス州ルイスで収税吏として復職。クエーカー教徒であるオリブ家に下宿。

一七七一年　三四歳
三月、オリブ家の娘エリザベスと結婚。

一七七二年　三五歳
収税吏の待遇改善運動が起こり、指導

者に推される。小冊子『収税吏の窮状』を起草、上下両院の議員に送る。

一七七三年　三六歳
＊アメリカで茶法施行。ボストン茶会事件起こる。

一七七四年　三七歳
四月、ふたたび免職処分に。六月、妻エリザベスと別居（事実上の離婚）。ロンドンに出て、ベンジャミン・フランクリンから女婿あての紹介状を受け取り、一一月、アメリカ（フィラデルフィア）に渡る。＊フランスでルイ一六世即位。アメリカで第一回大陸会議開催。

一七七五年　三八歳
一月、月刊誌『ペンシルヴェニア・マガジン』の創刊を手伝い、巻頭論文を執筆。秋まで同誌の編集にたずさわる。三月、地元紙に奴隷制反対の論文を寄稿。＊レキシントン・コンコードの戦いによりアメリカ独立戦争始まる。

一七七六年　三九歳
一月、『コモン・センス』を出版。七月、革命軍に志願して入隊。一二月、小冊子『アメリカの危機』第一号を出版。＊七月、アメリカ独立宣言。

一七七七年　四〇歳
四月、大陸会議外務委員会書記（外務大臣相当）に任ぜられる（七九年一月まで）。＊フランスのラファイエット侯、義勇軍を率いてアメリカ独立革命軍を支援。

一七七八年　四一歳
＊フランス、アメリカの独立を承認。
一七七九年　四二歳
一一月、ペンシルヴェニア州議会書記（事務方のトップ）。
一七八〇年　四三歳
一二月、小冊子『公共財』を出版、各州が主張する土地所有権は、連邦政府が一元的に管理すべきと説く。
一七八一年　四四歳
三月、ロレンズ大佐に随行してフランスに渡り、借款の供与を求めるための外交交渉に臨む（渡航費は自己負担）。
一七八二年　四五歳
二月、国民を啓蒙するために（すなわち著述活動に励むために）、中央政府の機密費から年に八〇〇ドル支給されることが決まる（翌八三年まで）。三月、『アメリカの危機』第一〇号で、各州は主権を中央政府に委譲すべきと主張。
一七八三年　四六歳
ニュージャージー州のボーデンタウンに引っ込む。＊イギリス、パリ条約でアメリカの独立を承認。
一七八五年　四八歳
新式の鉄橋の考案にふける。
一七八六年　四九歳
二月、小冊子『政府・銀行・紙幣』で、連邦政府の政治、経済活動における銀行の役割を擁護。
一七八七年　五〇歳
五月、鉄橋建設のアイデアをたずさえ

てフランスに渡る。八月、フランス科学アカデミーから鉄橋の独創性を認定される。九月、イギリスに帰り、鉄橋の売り込みを図る。九一歳になっていた母親と再会。一〇月、小冊子『ルビコン』でイギリス政府に対仏宥和を説く。年末、フランスに数週間滞在。

一七八八年　　五一歳

四月から六月にかけてふたたびフランスに滞在。八月、新式の鉄橋のアイデアで特許を取得。エドマンド・バークの知遇を得る。

一七八九年　　五二歳

秋、フランスに渡る（翌九〇年三月まで）。ラファイエット侯と面会、バスチーユ監獄の鍵をワシントン大統領に渡すために預かる。＊フランス革命勃発。七月、バスチーユの監獄が襲撃される。八月、人権宣言発布。

一七九〇年　　五三歳

一月、バーク宛ての手紙で、「フランスの革命がヨーロッパの革命の先駆けとなる」との見解を披瀝。三月、イギリスに帰る。秋、フランスに滞在するも一一月には帰国。＊一一月、バーク著『フランス革命についての省察』が出版される。

一七九一年　　五四歳

二月、『人間の権利』第一部で、『フランス革命についての省察』に反論。＊フランス国王ルイ一六世、国外逃亡を図るも失敗。

一七九二年　五五歳

二月、『人間の権利』第二部出版。六月、社会不安を煽ったかどで王座裁判所へ出頭させられ、一二月開廷を申し渡される。

八月、フランス名誉市民となる。九月、フランス国民公会の発足と同時に議員に選出されたのを受け、フランスに逃亡。一〇月、フランス憲法制定委員会の委員に任命される（他のメンバーにシェイエス、ダントン、コンドルセら）。

一二月、イギリス王座裁判所で欠席のまま裁かれる。叛逆罪による有罪判決で、すべての法的権利を剝奪される。

＊九月、フランス第一共和政成立。

一七九三年　五六歳

一月、フランス国民公会でルイ一六世助命嘆願の演説をおこなうが、その甲斐なくルイ一六世は死刑に。一〇月から『理性の時代』を執筆。ジャコバン派が優勢になるにしたがって政治的影響力を失い、一二月、敵性外国人であるとの理由で逮捕、投獄される。逮捕される直前、『理性の時代』第一部の原稿を友人に託す。＊フランスでジャコバン派による恐怖政治がおこなわれる。一〇月、ジロンド派粛清される。

一七九四年　五七歳

『理性の時代』第一部が春以降、ロンドン、ニューヨーク、パリで出版される。一一月、ジェームズ・モンロー駐仏アメリカ公使の尽力により釈放される。病気で衰弱していたため以後の一年半、モンロー邸で暮らす。＊四月、フランスでダントン処刑される。七月、テルミドールのクーデターでロベスピエール処刑される。ジャコバン派没落。

一七九五年　五八歳

春からフランス国民公会に復帰。秋、『理性の時代』第二部出版。

一七九六年　五九歳

二月、『農地問題の正義』出版。四月、『イギリス財政制度の衰退と崩壊』出版。

一七九七年　六〇歳

一二月、ナポレオンと面談。

一七九九年　六二歳

＊ブリュメール一八日のクーデターによりフランス革命終結。

一八〇二年　六五歳

九月、アメリカに向けてフランスを出発。一一月、メリーランド州ボルティモアに到着。ワシントン特別区に滞在。

一八〇三年　六六歳

二月、ワシントン特別区を離れてニュージャージー州ボーデンタウンへ移る。秋、ニューヨーク州ニューロシェルに移る。『理性の時代』で理神論を唱えていたことがわざわいし、無神論者と誤解されて住民からしばしばいやがらせに遭う。

一八〇六年　六九歳

春、ニューロシェルの地方選挙で、アメリカ市民権がないとの理由で選挙管理人から投票を拒否される。ニューヨーク市内へ転居（以後、市内で転居を繰り返す）。八月、卒中で倒れる。回復したものの、以後次第に健康を失う。

一八〇九年　七二歳

六月、死去。

訳者あとがき

トマス・ペインの文章は非常に力強い文体で綴られている。そのような原文の勢いに引っ張られたためか、翻訳の作業はいつになくスムーズに進んだ。久しぶりに楽しみながら翻訳したような気がする。レーニンの『帝国主義論』を訳したときもそうだったから、訳者はどうやらこの種の、威勢のよい文章を翻訳するのに向いているらしい。ペインの他の作品も、機会があれば是非翻訳してみたいものである。

今回の翻訳では、これまでと同様に光文社翻訳編集部の中町俊伸編集長にお世話になった。また、古典新訳文庫の参謀格でフリー編集者の今野哲男氏にも格別のご支援をいただいた。草稿を全部お読みいただいた上でのコメントは、訳者にとりとても貴重なものであった。この場を借りてお二方に厚く御礼申し上げたいと思う。

お力添えくださったのは中町、今野両氏にとどまらない。校正（特に再校以降）の段階では、翻訳編集部の辻宜克氏と防衛大学校の大久保良子《りょうこ》准教授（アメリカ文学）

から有益なご指摘、ご提案を多数いただき、そのうち多くのものは訳文に反映させた。また、原テキストの解釈にあたっては学習院女子大学のサイモン・トーマス・クレイ教授（翻訳研究）を、訳註の作成にあたっては遠藤寛文防大講師（アメリカ史）を、それぞれ訳者の質問で煩わせた。この場を借りて深謝の意をお伝えする次第である。

令和三年四月二十八日（水）午後、横須賀市小原台の研究室にて記す本書中に、「孤児」「未亡人」、そしてアメリカ先住民を指して、「インディアン」という、現代では不快・不適切とされる呼称や「衣服もまとわぬ粗野なインディアン」「彼らの無知につけこみ……」など、当時の偏見に基づく表現が使用されています。また、誤った判断の比喩として「狂気の沙汰」という表現も用いられています。

これらは作品が成立したアメリカ独立戦争当時（一七七五年〜一七七六年）の、イギリス植民地としてのアメリカの社会状況に基づくものですが、そのような時代と、成立した作品を深く理解するためにも、編集部ではこれらの表現についても、原文に忠実に翻訳することを心がけました。それが今日にも続く人権侵害や差別問題を考える手がかりとなり、ひいては本作の歴史的価値を尊重することにつながると判断したものです。差別の助長を意図するものではないということを、ご理解ください。

編集部

光文社古典新訳文庫

コモン・センス

著者 トマス・ペイン
訳者 角田《つのだ》安正《やすまさ》

2021年6月20日　初版第1刷発行

発行者 田邉浩司
印刷 新藤慶昌堂
製本 ナショナル製本

発行所 株式会社光文社
〒112-8011東京都文京区音羽1-16-6
電話 03（5395）8162（編集部）
03（5395）8116（書籍販売部）
03（5395）8125（業務部）
www.kobunsha.com

ISBN978-4-334-75446-4 Printed in Japan

いま、息をしている言葉で、もういちど古典を

長い年月をかけて世界中で読み継がれてきたのが古典です。奥の深い味わいある作品ばかりがそろっており、この「古典の森」に分け入ることは人生のもっとも大きな喜びであることに異論のある人はいないはずです。しかしながら、こんなに豊饒で魅力に満ちた古典を、なぜわたしたちはこれほどまで疎んじてきたのでしょうか。

ひとつには古臭い教養主義からの逃走だったのかもしれません。真面目に文学や思想を論じることは、ある種の権威化であるという思いから、その呪縛から逃れるために、教養そのものを否定しすぎてしまったのではないでしょうか。

いま、時代は大きな転換期を迎えています。まれに見るスピードで歴史が動いていくのを多くの人々が実感していると思います。

こんな時わたしたちを支え、導いてくれるものが古典なのです。「いま、息をしている言葉で」——光文社の古典新訳文庫は、さまよえる現代人の心の奥底まで届くような言葉で、古典を現代に蘇らせることを意図して創刊されました。気取らず、自由に、心の赴くままに、気軽に手に取って楽しめる古典作品を、新訳という光のもとに読者に届けていくこと。それがこの文庫の使命だとわたしたちは考えています。

このシリーズについてのご意見、ご感想、ご要望をハガキ、手紙、メール等で翻訳編集部までお寄せください。今後の企画の参考にさせていただきます。
メール info@kotensinyaku.jp

光文社古典新訳文庫　好評既刊

リヴァイアサン 1・2
ホッブズ
角田 安正 訳

「万人の万人に対する闘争状態」とはいったい何なのか。この逆説をどう解消すれば平和が実現するのか。近代国家論の原点であり、西洋政治思想における最重要古典の代表的存在。

市民政府論
ロック
角田 安正 訳

「私たちの生命・自由・財産はいま、守られているだろうか？」近代市民社会の成立の礎となった本書は、自由、民主主義を根源的に考えるうえで今こそ必読の書である。

社会契約論／ジュネーヴ草稿
ルソー
中山 元 訳

「ぼくたちは、選挙のあいだだけ自由になり、そのあとは奴隷のような国民なのだろうか」。世界史を動かした歴史的著作の画期的新訳。本邦初訳の「ジュネーヴ草稿」を収録。

人間不平等起源論
ルソー
中山 元 訳

人間はどのようにして自由と平等を失ったのか？　国民がほんとうの意味で自由で平等であるとはどういうことなのか？　格差社会に生きる現代人に贈るルソーの代表作。

フランス革命についての省察
エドマンド・バーク
二木 麻里 訳

進行中のフランス革命を痛烈に批判し、その後の恐怖政治とナポレオンの登場までも予見。英国の保守思想を体系化し、のちに「保守主義の源泉」と呼ばれるようになった歴史的名著。

★続刊

フロイト、性と愛について語る　フロイト／中山 元・訳

対象選択という観点からの男性心理について、またエディプス・コンプレックスから読み解く幼児期の性愛と同性愛のメカニズムについて、さらには西洋の文化のあり方と性愛の関係までをテーマに、「性と愛について」の考察を進めたフロイト論文集。

今昔物語集　作者未詳／大岡 玲・訳

平安時代末期に編纂された日本最大の仏教説話集。道徳的で無害な世界ではなく、人間くさい、この世のありとあらゆる「業」にまつわる説話は、芥川龍之介が「美しい生《な》ま々々しさ」に満ちている、と評すなど日本の近代文学に大きな影響を与えた。

ペスト　カミュ／中条省平・訳

オラン市で突如発生した死の伝染病ペスト。市外との往来が禁じられ、人々の戸惑いが恐慌に変わる一方、リュー医師ら果敢な市民たちは、病人の搬送や隔離など事態の対応に死力を尽くすが……。人間を襲う不条理を驚くべき洞察力で描く小説。